JN106541

「判断するのが怖い」あなたへ

発達障害かもしれない人が働きやすくなる方法

佐藤恵美

ディスカヴァー携書

222

はじめに
「判断するのが怖い」あなたへ

人は毎日、何かを「判断」しながら生きています。

「判断」とは「物事を見極めて自分の考えを定めること」です。「意思決定」ともいいますが、大きなことから些細なことまで、私たちは一日に幾度も「考えて、決める」ことをしています。

たとえば「この職場を辞めようか、どうしようか」とか「あの人と結婚してもいいものだろうか」などと人生の岐路のような大きなこともありますし、「今日は何を着ていこうか」とか「お昼はAランチかBランチどちらにしようか」「今晩の飲み会は行こうかどうしようか」などという些細なことまで、さまざまです。

もちろん、仕事上では判断の連続です。たとえば職場で上司から進捗の遅れを問われたり、部下から難題を相談されたり、難しいお客様からのクレームに対応しなければならないときもあります。そんなときには頭の中で、さまざまな知識や、事実や、言い訳を並べ、最も適した内容や表現を複合的に選択して判断しなければなりません。このように、私たちの毎日は、数えきれないほどの「判断」で創り上げられているのです。

しかし昨今、気になっていることがあります。「判断することに自信がない」「判断を迫られると頭が真っ白になってしまう」「とりあえず判断した後も不安で仕方がない」「人に流されやすくて自分で決められない」などと訴える人たちのことです。

このような人たちが、私が専門としている労働者メンタルヘルス支援の場面で多く見受けられるようになったと感じているのです。これらの訴えを断片的に聞くだけなら、「自信のないタイプなのね」とか、「仕事に消極的な人なのかしら」「ちょっと心配性なのかな」などと、片付けられてしまうかもしれません。

けれども、冒頭に述べたように私たちの生活は、小さなことから大きなことまで一日に数えきれないたくさんの判断をしなければなりません。もしもその人たちが、周囲の人が思うよりもずっと、「すべての判断が怖い」と感じていたとしたらどうでしょう。

その人たちの生活は恐怖の連続で、その苦しみは想像を絶します。特に、仕事場面においては、どんな立場であってもそれなりに責任の伴う判断を必要とされます。AランチかBランチかというくらいの問題であれば、一口食べて失敗したと思っても少々我慢して食べれば済みます。しかし、こと仕事においてはそれでは済まされません。仕事は、大なり小なり判断に責任が伴い、結果が評価されるからです。

もちろん、たとえば入社したばかりとか異動して間もないために、まだ右も左もわからないという場合や、初めて大きなプロジェクトを任されたり社運がかかった局面に立たされたりといった責任が重い場合など、誰しも「判断するのが怖い」と感じることはあるでしょう。しかし、今回この本でお話しするのは、そうした場合ではありません。もっと別の「わけ」によって、判断に自信がないと感じている方に読んでいただきたいと思っています。

これまで、「判断が怖い」と思っている人は、「なぜ、自分だけうまくいかないのだろう?」「どうして、こんなつらい気持ちになるのだろう?」と、自分に向かって数えきれないくらいの「なぜ?」を投げかけてきたはずです。だからこそ、その「なぜ? どうして?」の答えになる「わけ」を知ると、それだけで、モヤモヤが少し晴れます。

「自分自身についてのわけを知る」ということは、「自分自身を適切に知る」ということです。逆に、「なぜだか物事がうまくいかない」ということは、それ自体とても怖くて不安なことなのです。

ですから、自分への疑問の「わけ」がわかると、少なからず楽になれるはずです。しかし、それで終わりではありません。「わけ」がわかった後には、さらに続きがあります。「わけ」がわかると、むやみに自分を責めていた気持ちから解放されます。もしかしたら誰かを責めたい気持ちからも解放されます。そして「現実的にどう対応すればいいのか」という、改善策を考えることができるようになります。

この本が、「判断が怖い」と思って日々つらい気持ちで過ごしている人……特に働いている人や、働いていてうまくいかずに辞めてしまった人、そして働くことを目指している人たちにとって、少しでもその恐怖から解放される一助となり、新しい一歩を踏み出すひと押しになればと願っています。

「判断するのが怖い」あなたへ◉目次

自分の心を助ける方法　108

第5章 判断への不安を軽くするために

第6章 自分について説明する

第7章　怒りをコントロールする

第8章　カウンセリングを上手に利用する

第1章

発達障害とは何だろう？

この本で伝えたいこと

この本を書き進めるにあたって、この本の立ち位置や目的についてお話ししておきます。前述のように、この本は、読者の方が、うまくいかない「わけ」を適切に知り、対処法にヒントを得ることによって、今感じているつらさを緩和し、うまく進んでいける助けになるために書いています。「わけ」の主軸となる話は「発達障害（またはその傾向）特性の理解」ですが、本書は医学書ではありません。

発達障害も含め、脳機能やメンタルヘルスについては、医学の観点からなされた研究によって、診断法や治療法が確立されてきました。それは大変重要であり、その意義は甚大です。特にメンタルヘルスという客観的に数値化が難しい状態に対して、こうした医学的根拠や基準が明確に示されることは、さまざまな誤診や誤解、偏見が蔓延するのを防ぎ、適切な治療や対応を促進するために不可欠です。

しかし一方で、医学的診断の厳密さ以上に、本人自身の「つらい」という主観や「とにかく生きやすくすること」というアプローチも、とても重要だと考えています。ですから、これからお話の主軸となる「発達障害」に対して、読者の方が厳密な医学的診断基準に該当していなくても（「診断閾下群：発達障害の傾向があるという範疇」だったとしても）、あるいは、まだ医療機関で診断を受けていなかったとしても、「発達障害特性」という切り口で自分を見直すことによって自分が理解しやすくなるのであれば、「発達障害特性」をキーワードにすることには大いに意味があると思っています。

つまり、本書を読んでいただく意味は、「自分自身が生きやすくなること」なのです。本書は社会の中でどう自分を嫌いにならずに生きていくか、自分とどううまくつき合って生きていくか、ということに希望を持ってもらうことを目的としています。

もちろん昨今、あまりにも「発達障害」という言葉が乱用されている向きに異議を唱える声があり、確かに一理あると思います。というのも、「発達障害」という言葉だけが独り歩きするのであれば、逆に誤解や偏見を招き、本人にとっても周囲にとっても利が少ないからです。「自分は発達障害だ」とか「あの人は発達障害だ」と安易にラベリングしても、生きやすくなるわけではないからです。

「発達障害」に対する勝手なイメージが何も助けにならないのはもちろんのことですが、「一般論の発達障害」を理解するだけであっても不十分です。「自分自身の」発達障害特性とは何か、「自分がいる環境の中で」どのように障害特性が影響しているか、を知らなければ意味がありません。

「発達障害」と一口に言っても、特性が顕在化する環境や状況がそれぞれ違っているので、特性が「つらさになるかどうか」「どのようにつらいのか」も、また一人ひとり違います。だからこそ、単なる一般的な理解ではなく、自分の置かれた環境や状況を踏まえたうえで自分自身を適切に知るというところまで至って初めて、発達障害特性があるという認識に意味があるのです。

それができると、自分自身や周囲をむやみに責めることをやめ、うまくいくための具体的な方法を考えることができます。それから、周囲に自分をきちんと説明し、適切に理解や支援を求めたりすることもできます。

大事なことは、「発達障害特性という切り口で自分自身をとらえ直してみる」ことによって、「自分が自分をちゃんと理解してあげる」「自分を他者に説明できるようにする」ことが重要だと私は考えているのです。

ですからこの本では、医学的な診断の厳密さをもとにして特性を分類するというより、「生活の中で障害特性がどのような状況を生み、どうすれば社会、特に職場の中でうまく生きていけるか」という実践的な工夫について、心理・社会的な立場でお話ししていきます。

うつ病の背景に発達障害特性があることも

近年、うつ病の患者さんが増え続けていますが、中には、うつ病発症の背景に「発達障害特性」があるがゆえに、さまざまな生活場面や職業場面でうまくいかず、それがストレスとなって症状を引き起こしている場合が散見されます。

一般的には、抑うつ感など心身の状態に変調を感じて医療機関を訪れると、医師が、症状に適合したお薬を選択して処方し、治療が開始されます。これを薬物療法といいますが、このような薬による効力と、たとえば休職するなど、ストレッサー（ストレスとなっていること）から一時的に離れることによって、症状の軽減を図ることができます。

しかし、症状が軽減して職場に戻ってしばらくすると、再び同じような症状が出現して休職してしまうケースが少なくありません。結果的に休復職を何度も何度も繰り返してしまうことになります。

このような場合には、症状そのものの軽減だけでなく、不調が引き起こされるに至った背景や経緯を振り返り、同じ轍を踏まない戦略を立てることが必要です。

そして最近は、背景や経緯の中に「発達障害の特性があることによって、職場で一生懸命努力してもなかなかうまくいかないこと」や、「周囲の要求に応えるために自覚以上に多大な時間とエネルギーを費やしている」ことが、自覚以上のストレスになって消耗してしまう、というケースが非常に多く散見されます。

そうした毎日たび重なるストレスによって、うつ病の再発や遷延性（長引く）うつ病を引き起こすことになってしまうと考えられるのです。

もちろん、うつ病などのメンタルヘルス不調の方がみな、その背景に「発達障害特性」があるというわけではないということは強調しておかねばなりません。しかし、いったんは症状が軽快しても、しばらくするとまた同じパターンで不調に陥ってしまったり、結果的に休復職を何度も繰り返していたり、なぜだかわからないけれどもいつも職場で「うまくいかない」ということに複数の心当たりがある場合は、「発達障害特性」という切り口で自分自身を見直してみてください。もしかしたらそれが、適切な自己理解とうつ病発症の回復と予防の道筋をつくっていく一つの可能性もあると思います。

発達障害とは何だろう

では、ここで「発達障害」について、基本的なところをおさらいしておきましょう。

この本でお話しする「判断するのが怖い」と感じる人の中には、どうしても「うまくできないこと」があって、「みんなが簡単にできることが自分には簡単にはできない」と感じている人がいるかもしれません。そして、もしかしたら、子供のころは親や先生に、「頑張ればできるのよ」と励まされたり、「やる気を出さないからよ」と叱られたりしていたかもしれません。

自分自身も初めは「そうか、もっと頑張ればできるようになるのかもしれない」と思って、人知れず懸命に努力を重ねてきたということもあるでしょう。しかし、それでもうまくできないと、「頑張れない自分が悪い」「できない自分が悪い」と自分を責めたり、親や先生の叱咤激励の言葉に嫌気がさすようになってしまったり、何もかも投げやりな気持ちになってしまったりしたかもしれません。しかし、あなたが自分をむやみに責めたり、自分が悪いと思ったりする必要はまったくないのです。

「発達障害」とは、生まれつきの脳のさまざまな機能の発達に関する障害をいいます。

そして、「発達障害特性」とは、発達障害によって特徴づけられる、認知や行動に現れる機能をいいます。

「発達障害」という言葉はかなり流布していますが、実は「発達障害」という個別の疾患があるわけではなく、「自閉症スペクトラム障害」や「注意欠如／多動性障害」「学習障害」などを含めた総称です。本書では、主に「自閉症スペクトラム障害」や「注意欠如／多動性障害」による障害特性がある人を前提に話を進めていくことにします。

私たちの脳は実に複雑な機能のコンピュータです。見る、聞く、話す、書くなどの機能、考える機能、感情をつかさどる機能などさまざまな機能があります。また、たとえば考える機能の中にも、論理的・科学的思考もあれば、想像や推察する思考もあります。

人の顔がみな違うように、脳の複雑な機能にも、また少しずつ特性があります。生まれたときから成長するにつれ、その月齢や年齢に応じて脳機能は発達していき、それぞれの特性を形づくっていきます。それが「性格」や「個性」と呼ばれることもあるでしょう。

しかし、これらの脳機能の発達のアンバランスさが生まれつき顕著であるために、社会生活にさまざまな困難をきたしてしまうのが「発達障害」です。生まれつきの脳機能の発達のアンバランスさですから、基本的にはその特性は、子供のころからあったことになります。

しかし、特性の度合いが低い場合や、取り巻く環境によって、その特性が目立たなかったり、大きな問題にならないこともあります。また、うまくできないことも、年月をかけて他人とは違うやり方で自分なりにこなせる方法を編み出している場合もあります。

つまり発達障害は、「特性の度合いや環境」によって、目立ったり目立たなくなったりするのです。逆に、ある機能が苦手というだけでなく、人並み以上にその機能にたけているということもありますし、ある環境では「苦手」として顕在化したことが、別の環境下では「人並み以上」や「才能」として評価されることもあります。人は、環境によって、求められることや必要とされる機能が異なるからです。

さてここで、後の話の理解の助けにもなりますので、英国の児童精神科医ローナ・ウイングによって定義された「自閉症スペクトラム障害」の「三つ組の障害」についてお話ししておきます。「三つ組」とは「社会性」「コミュニケーション」「イマジネーション」の3つをいいます。

「社会性」とは、学校や家庭において明確に机上の学習をするような機会がなくても自然に身についていく「社会的に妥当な考え方や行動」をいいます。良い悪いや、正解不正解の線引きは明確にはないけれども一般的な感覚として身につけていくもので、たとえば目上の人への対応とか、職場での振る舞いなどといったことは、こうした「社会性」であるといえます。

また、「コミュニケーション」とは、言葉や表情や仕草、言葉の奥の真意などを、「相手から読み取ること」と、「自分が相手に表出すること」です。

そして、「イマジネーション」とは、目に見えないものを想像することで、物事を予測したり、見通すこと、見当をつける、塩梅する、というようなことにも必要とされます。しかし見えないものや、はっきりしないことを想像することが難しいと、逆に、見えるものに対しての執着が生じることがあります。特定の物を収集して安心するとか、変化を好まず同じ行動を繰り返したがるなどの「こだわり」も、こうした「イマジネーション」の障害によると考えられています。

では職場で、こうした三つ組の障害はどのように影響するのでしょう。たとえば、こんな場面です。

「職場で深刻な話し合いの最中、自分の発言が、得意とする話題にそれていってしまい、その話を一方的にし続けるため、上司から今がどういう状況なのか注意されたが、その後も上司の発言に対して『その話は興味がない』と言ってしまった」

こうした一連の行動は、一般的なものの見方をすれば、「頑固」とか「横柄な人」などと評されるかもしれません。しかし、これらは、関心のある部分へのこだわり（イマジネーションの障害）、上司への対応が不適切である社会性の障害や、会議の雰囲気を読めないコミュニケーションの障害といった特性が複合して影響していると考えられます。

これは少々極端な例でした。しかし、「周囲の議論はばかげている、自分の論理が正しい」と強く主張するようなタイプの人は、横柄な人などと評されがちですが、実は先の例と同じように、「自分からの視点のみで周囲の立場や状況を想像することが苦手」であったり、「自分の考え以外を認められない社会性」などが影響していることもあります。

では、そういう人も「発達障害」なのでしょうか？　そもそも「発達障害」は、「発達

発達障害と定型発達

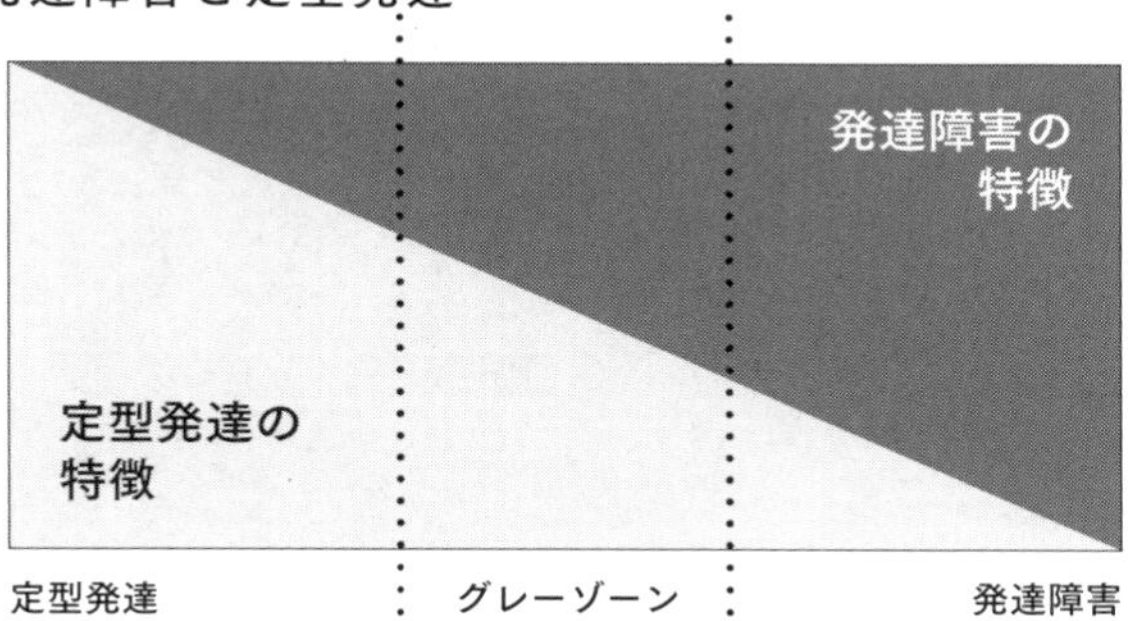

『大人の発達障害を診るということ』（青木省三、医学書院）より一部修正

障害かそうでないか」明確に二分されるものなのでしょうか？

「発達障害」に相対する概念は、「定型発達」といいます。「定型発達」とは、ハイハイやつかまり立ち、発語、感情表出、遊び方など、生まれてから月齢、年齢において「発達の一般的な基準をおおむね満たしている発達」という意味です。しかし実は「発達障害」と「定型発達」の両者は、きっぱりと二分できるものではありません。図のように、「発達障害」と「定型発達」は、両極から次第にその割合を減少させて交わる格好です。

図の右極は「発達障害の度合い」が強く、おおむね乳幼児期に診断されて支援が開始されると考えられますが、左に寄るにしたがって、その度合いは少なくなっていき、ちょうど中央あたりになると、定型発達の特徴の割合と半々ぐらいということになります。

この中央周辺の度合いの場合、既述のように環境や状況によって、問題が顕在化したり、目立たなくなったりすると考えられます。このあたりに位置する場合には、いわゆる「発達障害グレーゾーン」とか「発達障害診断閾下群」とか、最近では「隠れ発達障害」などと呼ばれたりします。しかし、グレーゾーンだからといって、苦しみが少ないわけでなく、むしろ自己理解の難しさや、周囲からの誤解、支援の受けにくさから苦しみが大きいともいえます。

本書で「判断するのが怖い」と思っている人たちの多くは、こうしたグレーゾーンに入る人たちである可能性も高いと考えられ、本書では、むしろそうした診断は明確ではないけれども、発達障害の特性傾向があると考えられる人たちを想定してお話ししています。

ですから、本書において「発達障害の人」とか「発達障害特性がある人」という表現を使う場合は、必ずしも診断に該当する方たちだけでなく、「発達障害の特性傾向がある」という方や「その特性に心当たりがある方」をも包括しているとご理解ください。

第2章

「判断するのが怖い」という気持ちはどこから来るのか

さて、「判断するのが怖い」という気持ちに話を戻しましょう。これを読んでいる方の中には、「怖い」という気持ちについて、もしかしたらピンときていない方もいるかもしれません。「自分が何を感じているのかわかっている」ことはそう簡単ではありません。「自分の感情なのだから、だれよりも自分が一番わかっているはずだ」と思うかもしれませんが、実はそうでもないのです。

感情は目に見えたり触れたりすることはできませんし、逐一数値化できるわけでもありません。それから、嬉しいとか悲しいとか、一つの感情だけが湧き上がってくるとは限らず、「嬉しいけれどもどこか寂しい」とか、「落ち込こんでいるように見えて実はとても怒りを感じている」などと、さまざまな感情が入り混じっていることもあります。

あるいは、「怒り、悲しさ、憎しみのようなネガティブな感情を感じることはよくないことだ」という意識が支配して、本心を押し殺して、何も感じていないかのように自分を騙してしまうこともあります。あるいは、親や上司や組織や社会に向けている強い憤りは、本当は「自分自身に対する憤り」が矛先を変えているというように、表現の形が変化球になっていることもあります。

このように「気持ち」とか「感情」といわれるものは、一筋縄ではいかないのです。思っている以上に自分自身がそれを「つかまえる」のは難しいわけです。「つかまえる」とは、まず、自分自身が「私、本当は怒っているのだな」とか「私は、本当は怖いのだわ」などと、自分の感情に「気づく」ことです。

もちろん、自分の気持ちに「気づいていなかった」としても、「何も感情を感じていない」ということではありません。「何かを感じているのに、自分自身がそれを認識していない」という状態なのです。そうすると、無自覚にストレスを抱えていることになり、「なぜかわからないけれどもすごく疲れる」とか、「不意に抑えきれない怒りがこみ上げる」とか、「急に涙が止まらなくなってしまう」「熟睡できない」「何もやる気が起こらない」など、自分でもコントロールできない状況が生じてしまうことにもなります。

実は、発達障害の人は、自分自身の感情をつかまえるのが苦手な傾向にあります。ですから、「つらいことに気づいていない」「嫌だと思っていることに気づいていない」「困っていると思っていない」となって、自分の状態に無自覚なうちに体調を崩してしまうこともあるのです。

ですから、本書を読んでいる方の中には、もしかしたら、「判断するのが怖い、とまでは感じていない」と思っている方もいるかもしれません。でも、もしかしたら、今お話ししたように「怖い」と感じることとは別の形――怒りっぽいとか、いつも沈んでいる、疲れやすいなど――で、つらいと感じているサインが出ている可能性もあります。

そういう方にも、ぜひ自分のこととして読み進めていただければと思います。

「判断する」とはどういうことか

では、判断するということはどういうことなのでしょうか？「判断する」ためには、いったいどういう思考のプロセスが必要なのでしょうか？

「判断する」という行為の中には実にさまざまな思考プロセスが含まれています。だからこそ、適切に判断できるようになりたいと思ったとしても、何をどこから手をつけて改善したり訓練したりしたらよいのか、よくわからないかもしれません。

「判断」というのは、「何かを決めた結論」です。しかし、結論といっても、当てずっぽうや直観によってとにかく決めればいいというわけではなく、そこには結論を導くための「思考過程」があり、その「思考過程を説明できる」ことが必要です。職場であれば、結論には必ず説明が求められるし、その説明も含めて責任を伴います。

もちろん、すべての判断が緻密な論理の上に成り立っているとかデータに基づいているとは限らず、仕事上であっても「直観的な判断」も多いと聞きます。しかしおそらくそれは、膨大な経験や思考で培われた思考過程の迅速さが、あたかも「直観」のように感じられるのであって、本当に目をつぶってエイヤ！と運任せの判断をしているわけではないでしょう。

では、「判断する」とはどのような思考過程なのでしょうか。本書では、思考過程を３つの段階に分けて考えてみたいと思います。

まず最初は、「情報の入力（インプット）」という段階、次に「情報の処理」という段階、そして最後に「情報の出力（アウトプット）」という段階です。

「適切に判断できるようになりたい」と思ったときには、多くの場合、3つの段階のうち、最後の「情報の出力」がうまくできないというところばかり考えがちです。ですから「なんと言えば適切なのだろうか」とか「うまい言い方ができないだろうか」などと気にしてしまいます。

しかし、「情報の出力（アウトプット）」のためには、そもそも、適切に情報を「入力する」ことと、それを「処理する」ことが必要です。情報を出力することばかり考えてしまうと、頭の中では「なんて言おうか、なんて言おうか」とパニックになって、相手の話（情報）を聞けなくなってしまいます。相手の話が冷静に聞けなければ、「情報の入力」ができていないということですから、適切な情報の処理ができないのも当然ということになります。

ですから、まず大事なことは、焦って「出力する」ことばかりを考えず、まず「情報を入力する」→「情報を処理する」→「情報を出力する」の3つの段階を一つひとつ進んでいくものだ、ということを理解しましょう。

それでは、発達障害特性を鑑みながら、これら3つの段階の留意点をお話しします。

情報の入力（インプット）

最も大切な段階です。この段階で情報が不十分だったり、偏ってしまうと、適切な情報処理ができません。往々にしてあるのが、前述のように「情報を入力する」段階で、「情報を出力する」ことばかり気にして、情報を入力することに意識を向けられていないことです。

つまり相手がまだ話しているのに、もう頭の中で「なんと言えばいいのか？」と考えてしまっているような状況です。ですから、落ち着いて「情報を入れよう＝まずは落ち着いて聞こう」というマインドセットが必要です。

さて、情報を入れる段階は、指示内容や状況説明などが、口頭や文書やメールなどの記述でなされることが職場では一般的でしょう。一対一で指示や説明がされることもあるし、朝礼のような複数の場面、会議のように話が二転三転する流れの中で行われる場合もあります。

発達障害特性がある人の中には、一対一であっても複数や会議場面であっても、他者が話しているのを一生懸命聞いているつもりなのに「聞き逃してしまった」と感じることがよくあると思います。

後述の第3章でも「ワーキングメモリ」として説明していますが、情報のインプットには、主に耳から入る情報（聴覚情報）と、目から入る情報（視覚情報）があり、発達障害特性がある人の場合、どちらかの情報入力の仕方が苦手だということがあります。特に、耳からの情報収集が苦手だということを、臨床場面ではよくお聞きします。

聴覚による情報入力が苦手だと、口頭で話されることを一生懸命聞こうと努力しているのだけれども追い切れず、情報が漏れ落ちてしまう感じになります。漏れ落ちないようにメモを取ろうと思っても、重要なキーワードを取捨選択したり、要点をすぐにつかんだりできず、逐一書き留めようとしてしまい、今度は書くことだけに意識が向いてしまって聞き取れなくなってしまうことがあります。どんなに速く書こうと思っても話す速度には追いつけませんので、結局メモは取れないことになってしまいます。

ですから、聴覚からの情報インプットが苦手な人には、文書やメールなどで「書かれた」

指示や説明のほうがわかりやすいといえます。

ただし、私の臨床経験から考えると、聴覚情報の入力が苦手な人であっても、文書だけあればわかりやすいかというと、そうとも限らないようにも思います。もちろん聞くだけよりは文書のほうが、自分のペースで読めるし、何度も読み返すこともできますから、情報を確実な形で入れることはできます。しかし、書面であることによって、どうしても硬い言い回しになってしまうことと、行間を埋める具体的で詳細な意図が表現しきれないことから、業務の指示や作業内容などのイメージがつかみにくくなります。「言葉面（づら）としては理解したが、業務としてはいまひとつ自分の中に落とし込めない、ピンとこない」というふうになってしまうわけです。そうなれば、たとえ文章化されていたとしても、「情報の入力」が十分ではないということになります。

となると、まず文章化・図式化された視覚情報によって情報を入れて概要をつかみ、さらに短時間でよいので口頭で説明を受けたり、その場でわからないことを質問して、業務の具体的なイメージを持てるように補完するとベストだと思います。

少々手間にも思えますが、最初の「情報を入れる」という段階で、情報に漏れやズレがないようにすることが、円滑な業務遂行や後のトラブルの回避になると考えれば、ここで手間をかけることが肝心だと思います。

もし、上司に文章化してもらうことが難しい場合は、口頭指示の合間に「ちょっと待ってください」とメモを取る時間をもらったり、自分なりに手順やポイントを箇条書きし、それを上司に確認してもらうなどの方法でもよいと思います。

ただし、この過程に時間をかけすぎるのは注意が必要です。指示内容の確認だけのために1週間2週間かかった、ということになると本来着手するべき作業時間が押されますし、上司からすれば、1~2週間かかってまだ作業を進めていないのか、ということになってしまいます。もちろん業務内容にもよりますが、指示内容の確認だけであれば、おおむね指示があった後から一両日中に済ませておくことが望ましいと考えられます。

また、もう一つのポイントは、「部分」だけにとらわれず「全体」の情報を入力することです。発達障害特性として、「部分」から「全体」を推し量る（想像する）ことが苦手で、どうしても細かな「部分」に注意が向いてしまいがちです。「全体」の状況や状態がよくわからないまま作業に着手すると、だんだん「部分」だけに注意が向き、そこにとらわれてしまいます。

いったん「部分」に意識が集中してしまうと、本筋を忘れて微細なところにこだわって深掘りしすぎたり、細かく枝葉を広げすぎてしまうのです。しかし、自分ではその状態にはなかなか気がつけないため、自覚以上に膨大な時間を費やしてしまうことになります。ですから、上司と業務内容を確認する際には、その作業の必然性や、目的、後工程などの全体像を理解しておくことが必要です。

たとえば、「顧客名簿のリストアップ」という作業で、対象となる人の情報は聞いていたとしても、なぜそのリストアップが必要なのか、そのリストをどう活用する計画なのか、最終的なリストはどういう形が望ましいか、なども理解していないと、リスト項目の種類や数、作業スピードなどを適切に勘案できません。ですから、上司に作業内容の確認をする際には、できるだけその業務の全体像を把握するようにしておくとよいと思います。

もちろん作業の目的、内容や手順や成果物のイメージがあらかじめ明確でなく、自らがそれらを考えること自体が業務であることも多いと思います。そうした場合であっても、上司や組織が目指しているイメージを確認して、方向性がズレないように、情報を入力することが重要です。

そうでないと、一生懸命考えて出した成果物が「そもそもそうじゃなくて……」と言われてしまう事態になりかねないからです。このような「部分」と「全体」の情報は、業務に着手するときのみならず、その後も時々、周囲と進捗について確認したり、「他者の動き」を把握するなどして更新しておくのが重要です。「情報の更新」をすることは、業務の方向性を定めたり、軌道修正するのに役立つからです。

このような他者とのやりとりが、いわゆる「情報交換」といわれるものです。つまり、「情報の入力（インプット）」は、最初だけでなく、作業の途中途中でも状況を俯瞰して全体を見直し、「情報の入れ直し」や「作業の検証」をすることが必要なのです。

「今やっている作業はこの方向性でいいのだろうか？」と客観視したり、「他の人の状況はどうだろうか？」と周囲に情報収集してみたり、「現在こういう進捗ですが、どうですか?」と、上司などに確認するわけです。これらが、いわゆる「報告・連絡・相談」にもなってきます。「報告・連絡・相談」については第4章でもお話しします。

情報の処理

次に、「情報の処理」の段階です。「情報の処理」とは、「情報の入力(インプット)」で得た情報を、頭の中でどう処理するか、ということです。

「処理」というとわかりにくいかもしれませんが、得た情報を「どう考えるか」とか「どうとらえるか」、あるいは「どのように作業工程を計画するか」と読み替えてもよいと思います。もちろんそれらは、その時々の業務や、作業の目的によって異なりますから、一律にこうすればよいという方法はありませんが、いくつかの留意点をあらかじめ知っておくことで、パフォーマンスのズレや、周囲との不調和を未然に防ぐことにもつながります。

一つ目の留意点は、下準備にかける時間についてです。何かの作業を計画する際に、その作業に関する資料や関連情報を収集することに時間をかけすぎてしまう傾向があります。

作業のイメージがなかなかつかみにくいことと、「不適切なことをして失敗したくない」という不安が相まって、下準備に時間をかけすぎてしまうのです。

また、一度調べ始めると、調べたいことの枝葉がどんどん広がってしまったり、深掘りしすぎたりして、本筋の目的を忘れてあれもこれもと資料集めに時間を費やしてしまいやすいので気をつける必要があります。

「この作業はまだ必要か？」「全体を100とすると、今どれくらい進んでいるか？」といったキーセンテンスをデスクに貼っておき、仕事に取りかかる前に確認して、本筋に戻ったり全体を見渡したりするのも一案です。

また、「〇日までに下調べは終える」などとあらかじめ決めておき、スケジュール表に記入しておくなども工夫の一つです。とはいえ、一度「ここまで調べよう」「これを知りたい」と思ったら、たとえそれがそこまで必要ではないとわかっていても、どうしてもやらなければ気が済まないということもあります。それが「こだわり」や「行動の転換が苦手」という特性が関係しているところでもあります。

自分でブレーキをかけるのはなかなか難しいと思いますが、自分にはそのような「こだわり」が生じやすい、「行動の転換が苦手」ということを理解していれば、「また時間をかけすぎてしまっているかもしれないぞ」と気づき、上司などに相談したり周囲の進捗を確認したりして軌道修正ができる可能性があります。

次に大事なことは、情報の整理についてです。情報が頭の中に野放図に散らかっている状態では処理できません。情報が整理されて頭に置かれている必要があります。

情報の整理のコツは、「全体の理解」をすることです。ここでも、先の段階の「情報の入力」でお話しした「全体」と「部分」がキーワードになります。概要や概略を理解し、業務の全体像をつかむことが大切です。

業務を依頼する側の説明が部分だけだったり、手順の説明だけだったりという場合もあります。「言わずもがな」として、わざわざ全体像や前工程に言及しない、ということは意外に多いものです。

しかし、イマジネーションが苦手という特性があると、以前からの脈絡がうまくとらえられずに、自分がやるべき業務がなかなか腑に落ちないということが生じます。腑に落ちていない作業は、とらえ方がどうしても自分流になりがちですから、期待された業務とのズレが生じる危険性もあります。

また、「全体」の視点がないまま作業に着手すると、どうしても微に入り細に入りと重要でない細かなところにこだわりが向きやすくなります。

もし前例や以前の資料があれば、概要をつかむのにとても役立ちますが、前述した通り、いつのまにか以前の資料集めに時間をかけすぎてしまう危険もありますので留意しましょう。

一方、「部分の理解」とは、言い換えれば「具体的な理解」です。全体像をイメージできたなかで、自分の作業工程が全体の中のどこに位置づけられているのかを理解し、その役割の具体的なアクションを組み立てます。

このとき、作業の最適なボリュームや、やり方、納期を確認し、作業の進め方をイメージします。特に留意したいのは、つい壮大な計画にしてしまい、その結果作業ボリュームを大きくしてしまうことです。

もちろん、それだけの労力をかける明確な必要性があればよいのですが、ちょっとした内部資料であるとか、暫定案であるとか、補助的な資料であるにもかかわらず、工数をかけすぎる計画を立てるのは適切とはいえません。それ自体は立派なものであったとしても「コスパが見合わない無駄な業務」と評価されてしまう危険があります。業務にかけられる時間は無尽蔵ではないので、何にどれくらいの時間と労力をかけるかという観点が必要なのです。

実はこれも、イマジネーションの活用です。作業の目的、活用価値、ニーズ、コストなどさまざまな要素を加味して「だいたいこれくらいが妥当」という業務ボリュームのイメージをつくることは、かなり難易度の高いイマジネーションの活用であるといえます。

これが妥当でないと、「自分自身は完璧に頑張っている」にもかかわらず、周囲からは「無駄に時間を費やしている」と評価されてしまうことになります。このギャップは、自分にも周囲にも不満が蓄積していくことになり、深刻な人間関係の悪化につながる危険がありますので注意が必要です。

情報の出力（アウトプット）

次に、情報の出力です。多くの方が気にすることは、「どう説明すればいいかわからない」「うまく伝えられない」ということです。わかりやすい話し方のノウハウ本はいろいろあると思いますが、ここでは、発達障害の特性を前提に「相手にわかってもらう説明の仕方」のポイントをいくつかお話ししたいと思います。

・主語を省略しすぎない

たとえば「AさんがBさんに○○と言って、Bさんがそれを聞いて困っていたところ、それを見ていたCさんがAさんに向かって抗議した」という昨日の職場での状況を説明しようとします。自分の頭の中には、そっくりそのまま時系列にその光景があって、登場人物も頭の中にいるために、「○○と言って、それは困ると思って、それで抗議したんです」などと、登場人物（主語）を省略して話してしまいがちです。

しかし、相手の頭の中には、そうした光景はまったくないわけですから、誰が何をしたのかとてもわかりにくい説明になってしまいます。

第三者に説明するときには、何も情報がない相手の頭の中をイメージして、情報を選択しなければなりませんが、イマジネーションが苦手であると、どうしても自分の頭にあることを前提に話してしまうため、相手にとってわかりにくい説明になってしまうのです。

相手にわかるように話すための一つの留意点としては、自分の頭の中には当たり前にある「誰が」とか「何が」という主語を、きちんと話すようにすることです。

文章にする際にも自分がわかっていることを省略してしまうことがありますが、これも同じです。

・説明に必要な経緯や状況場面の切り取り方

自分の考えや状況を説明する際には、必ずその背景や経緯があります。それらを全部省略すると、「このようになりました」「〇〇したいです」と、最後の結論だけを伝えることになってしまいます。

しかし、それだけでは、相手に納得してもらえたり、考えを理解してもらえたりすることは難しいでしょう。その結論に至る状況や経緯と、それをどう考えたのかも伝える必要があります。ところが、経緯を説明しようとすると、冗長になってしまうことがよくあります。経緯を時系列そのままに話そうとすると、どうしても「遠くの過去の状況」から話すことになります。すると、先に挙げた「主語を言わない」傾向と相まって、相手にとって「話は長いが、状況がよくわからない」という説明になりがちです。

過不足なく経緯を適切に切り取ることが難しいのは、基準が曖昧な物事に対して、その「程度」や「度合い」を把握するのが苦手、という特性ととても近しいものであると考えられます。

連続性のある経緯に線引きをして、相手が理解するのに必要なだけの経緯を切り取って話さなければなりません。しかし、経緯をどこからどこまで切り取ればよいのかつかみきれず、つい不要なところも含めて話してしまうのだと思います。

過不足ない経緯や状況の切り取り方のオールマイティな方法はありませんが、一つのコツは、遠い過去から経緯や状況を話すのではなく、先に結論を伝えたのちに、現在と近い経緯や状況から表現するほうが、相手が理解しやすいでしょう。次の①と②を比べてみてください。

①「一昨年の10月に部長が方針を出したんですよ。それでみんな右往左往して、結局自分が異動になったのですが、もともと得意な業務じゃなくて……。それで隣の部署のAさんが異動前の業務についていろいろ言ってきて……。私は一生懸命やっているのですが、今日が納期の資料はちょっと今出せないんですけど……」

②「本日納期の資料はまだ提出できない状態です。ですから、あと1週間いただけますか。というのも、異動前の部署の業務についてAさんからたびたび問い合わせがあり、以前の業務も並行して行わなければならなかったため、当初の計画よりもこの資料作りが遅れてしまいました。Aさんの部署は、一昨年に出された部長命令による急な業務改革で、かなり混乱が続いていることが影響しているのだと思います」

前者のセリフは、自分の頭の中にある「部長命令→みんなの混乱→Aさんも混乱→Aさんからの問い合わせが頻繁→自分の業務ができなかった→もっと時間が欲しい」という流れの通り話そうとしています。しかし、聞いているほうは、突然部長命令の話から始まると、何がもっとも言いたい主題（テーマ）なのか把握するのにとても時間がかかってしまいます。頭の中に「?」を浮かべ続けながら聞かなければならず、最後の最後でようやく「それが言いたかったのだ」とわかる、という思考過程になります。

一方、②のほうは、相手が最初に、「あの資料の話だ」→「納期が遅れるのだな」と把握したうえで、なぜ遅れるのだろうか?と思考が進みます。そして、「なぜ遅れるのだろうか?」という疑問に答えを与えるような形で、「異動前の部署のAさんからたびたび問い合わせがある」→Aさんもその部署も突然の部長命令による業務改革で混乱しているからだ」と、話が進んでいくため、相手の思考に沿ったわかりやすい説明になります。

以上のことはビジネス書などでよく「結論から先に言え」といわれる意味の一つだと思います。しかし、「結論」だけを端的に言うことが大事なのではなく、「結論」を先に言うことで、先に主題(言いたいこと)が把握でき、追ってその詳細や理由がわかるように、相手の思考に沿って情報を与えていくということが大事なのです。

「結論」という言葉ばかり意識しすぎてしまうと、すべて断定的な「結論」として聞こえるため、相手に取り付く島がないような印象や誤解を与えかねませんので注意が必要です。

たとえば、「私はこの納期ではできません」（結論）と最初に言うと、その後に「Ａさんが頻繁に以前の私の業務について問い合わせしてくるので、時間がとられ……」などとその理由が続くとしても、最初に「できない」ときっぱり断定していることによって取りつく島がないような印象を与えてしまうのです。相手に打診する状況や、お願いする立場、相談する段階などの場合には、明確な「結論ありき」に聞こえないような伝え方が必要です。

ですから、「最初に結論を言う」のではなく、「最初に言いたいことの主題を言う」と理解しておくほうが適切だと思います。「〇〇の納期について厳しいと思うので相談させてください」などの言い方です。

「結論」を投げつけるのではなく、相手にとって、「この人は何について話し始めるのか？」「何を話し合いたいのか？」ということが最初にわかるようにするのです。そうすれば相手が話を理解しやすくなります。このような点に留意して、トライしてみてください。

「判断するのが怖い」場面に起こっていることは何か

では「判断することが怖い」と思うときには、具体的にどんな場面で、どんなことが起こっているのでしょうか。「判断する」ことに関係するさまざまな職場の状況を想定し、本人の目線でその場面を表現してみましょう。

①上司から漠然とした指示や曖昧な言い方をされる

たとえば上司に、「ざっとラフな案をつくって、出来上がったら見せてくれる?」と言われたとします。しかし、「ざっとって?」「ラフってどこまで簡単でいいの?」「出来上がったらって、いつがいいの?」と、その作業程度がどのくらいなのか、提出はいつごろがよいのか漠然としていることにとまどってしまいます。

一般的に、このような指示や言い回しはよくあることとはいえ、確かに曖昧です。「ラフってどの程度ですか?」とか「何日までに仕上げればいいですか?」と明確に確認するのも一つの方法ではありますが、逐一確認するのも気が引けるし、相手に気を悪くさせてしまうのではないかと怖くて躊躇してしまいます。

結局、よくわからないまま引き受け、自分なりに判断して案を出すと、上司からは「遅い。時間をかけすぎだ。こんなに詳しく書かなくていい。ラフなものでいいと言っただろう！」と叱責されてしまうこともあります。

いつも自分が「これくらいでいいかな」と思ったことと、他者の考えがズレてしまっている気がして、自分の考えに自信がなく、自分で判断することが怖いと感じてしまいます。

②精度の手加減がよくわからない

上司や同僚から「これはそんなに時間をかけなくていい」「丁寧すぎる、細かすぎる」「もう少し要領よく」「もっときちんと調べて」「ちょっと簡略化しすぎ」などと言われ、業務の精度をどのように手加減してよいのかわかりません。

たとえば一つの案件を要約する入力作業でも、自分が入力した量が他者の記録の2倍も3倍も多くなってしまいます。もっとコンパクトにしようと思っても、どこをどれくらい省いたらよいのか、どのように取捨選択したらよいのかわからず、結局いつも情報量が膨大になってしまうのです。膨大にならないことを意識すると、今度は逆に、あまりにも簡素な作業になってしまうこともあります。

また、たとえ上司から具体的に「ここはやらなくていい」と明確に指示されたとしても、一度決めた頭の中の組み立て通りにやりたい、という考えがなかなか変えられないことがあります。そのため、やらなくていいと言われているにもかかわらず時間をかけすぎて、別のもっと肝心なことには手が回らないという事態が発生することもあります。

詳しすぎたり、簡略化しすぎたり、その精度が適切につかめず、作業するときにはいつも、「これでいい」という確信のないまま進めていかねばならず不安です。

③複数の仕事を進めるための判断が難しい

複数の作業があると、どれから手をつけてよいのかわからなくなったり、要領よく別の作業に切り替えたりできずに、業務が渋滞してしまうことがあります。

上司からは「優先順位をつけなさい」とよく言われますが、「この作業であればだいたいこれくらいの労力と時間でやればいいな」という感覚がうまくつかめず、順序立ててできません。To doノートや付箋を活用している人の真似をしてみるのですが、計画を立てようとすると、今度は計画を立てることに時間をかけすぎてしまったり、立てた計画通りにやらなければならないと思うことがプレッシャーになったり、計画通りにできないとすべてが失敗しているような気持ちになったりして、かえって混乱してしまいます。

やるべきことを付箋に貼って管理しようとしますが、うまく複数のことを処理できないので、机がどんどん付箋だらけになってしまいます。複数の仕事を抱えると、いつも焦りだけが空回りして非常に消耗してしまいます。

④経験がないことはハードルが高く感じる

ひな型やマニュアルを参考に文書を作るとか、以前自分が経験していることや前例があることは、業務の進め方がイメージしやすいのですが、マニュアルやひな型がない場合や、マニュアルがあっても自分の経験がない場合は、何をどう進めたらよいのか、イメージがなかなかつかめないため、新しいことは些細なことでもとてもハードルが高く感じてしまいます。

とりあえず着手しても、自信がなく、自分がやっていることが正しいのかどうか不安で仕方がありません。また、その場、その時で、臨機応変に判断しなければならないような業務は、何が起こるかとても不安で、事前に頭の中で際限なくシミュレーションしてしまいます。

そのために費やす時間も多くなりますし、果ては実行する前にヘトヘトになってしまいます。どうしても不安で、同僚や上司に「こうなったらどうしたらいいのですか」「もしああなったらどう対応したらよいですか」などと尋ねると、「そこまでまだ考えなくていい」とか「その時になって考えればよい」「細かすぎる」などと言われてしまいます。しかし、どうしても先々が不安でシミュレーションせずにはいられません。

⑤説明を求められるとあわててしまう

過不足なく、筋道立てて相手にわかるように説明することが苦痛です。相手が話を理解するために必要な経緯や状況を伝えないために、相手から「なんのことだかわからない」とか「先にそれを言わなきゃわからないだろう」などと言われてしまうことがよくあります。

自分ではいつも言葉足らずだと反省するのですが、今度は逆に、状況の流れを最初から遡って全部伝えようとしてしまったり、微細なところの説明に時間をかけすぎてしまって、話が長くなりすぎることもあります。すると今度は「手短に説明して」と言われたり、途中から相手が明らかにイライラし始めたりすることがよくあります。

話しているうちに、横道にそれてしまったり、関連した話に飛んでしまったりして、自分でも話の本筋や目的がわからなくなってしまうこともあります。過不足なく大事なポイントをつかまえて相手にわかるように説明することに自信がないため、職場で説明や発言を求められると、ひどく緊張し、あわててしまいます。

⑥考えがまとまらず言葉が出ない

不意に誰かに何か質問されたときや、会議で急に意見を求められたときなど、とっさに何か発言しなければならない状況で、何の言葉も出てこないことがよくあります。

何も考えていないわけではないはずなのですが、一度にとりとめない考えがあれこれ浮かんでしまい、頭の中がごちゃごちゃになってしまって考えがまとまりません。結局、頭がフリーズしてしまったような感じで何も言えなくなってしまいます。「自分の考えがない人」だと思われているのではないかと引け目も感じるし、自己嫌悪にも陥ります。

いったん持ち帰って時間をかけて考えられる場合には、自分なりにいろいろ考えることはできます。しかし、今度は時間がある分、際限なくあれこれとたくさん考えすぎてしまいます。結局、なかなか一つの考えにまとめきれません。「これだ」と確信できる考えを一つにまとめ上げて表明することがうまくできないため、自分では判断能力がないのだと思って落ち込みます。

⑦選択できない

AでもBでもCでもよいが、いずれかに決めなければならないことに関して、いつまでも迷ってなかなか決定できません。職場での重要事項はもちろんのことですが、たとえば、朝会社に着ていく服をクローゼットからなかなか選べないとか、100円ショップの色違いの商品をいつまでも迷う、など、日常生活の些細なことでさえもなかなか決められません。

仕事上では、たとえば文書を作成する際に、言葉遣いや語尾の言い回しを際限なくあれこれ考えてしまい、些細な文章をつくるのにも、とても時間がかかってしまいます。上司にどちらにすればよいか尋ねることもありますが、面倒くさそうに「どちらでもいいよ、まず自分で決めて」と言われてしまうと、自己嫌悪にもなるし、プレッシャーも感じます。

⑧捨ててよいのかどうか判断できない

「これはもしかしたらのちのち必要になるかもしれない」「これについて訊かれたら答えられるように捨てないでおこう」などと考え、仕事の資料や過去の作成物を捨てる判断がなかなかできません。その結果、デスクの上や椅子の回りにも資料が溢れています。パソコンも同様に、さまざまなファイルでデスクトップが埋め尽くされていたり、同じようなファイルが複数ある状態になってしまいます。

しかし、いざ資料を探さなければならないときには、未整理の資料を大量に捜索しなければならず、結局大幅に時間をとられることになります。職場の机やパソコンだけでなく自宅の部屋も、「整理しよう、片づけよう」とは思うのですが、分類するだけで時間がかかってしまいますし、分類のカテゴリーが細かくなりすぎたり、次々と他のものに目移りして混乱し、徒労に終わることもしばしばです。作業に時間がかかったり、想定外に残業が多くなるのは、こうしたことも関係していると思います。

⑨状況変化に応じた柔軟な判断が苦手

一度「こうやろう」と決めたやり方で始めると、上司に別のやり方を指示されたり、会議で方針が変わったりしても、途中でそのやり方を変えることがなかなかできません。そのため、急な変更をたびたび強いられることには、大きなストレスを感じます。

また、自分の仕事はこう進めるべき、会社や上司はこうあるべき、など自分の考えが強固にあって、それ以外の考えを受け入れられないこともよくあります。頭では、別の考えもあるとわかっているつもりでも、どうしても自分の中では「こうだ」という考えが占めていて、そうでない考えややり方を強いられると、とてもストレスを感じます。

⑩思考の起動に時間がかかって、即時判断ができない

今やっていることの手を止めて、別の行動に移るまで時間がかかってしまいます。周囲の人は、パパッとやることを切り替えて、次々に行動に移すことができているように見えますが、自分はそれができません。

また、やっと思考が起動して作業に集中しているときに、急に声をかけられて何かを尋ねられても、尋ねられたことについての別の思考がすぐに起動できずに、頭がフリーズしてしまいます。やっとの思いで対応し、再び前の作業に戻ろうとしても、今度は前の思考の起動に時間がかかってなかなか続きを始められません。ですから、急に声をかけられたり、電話をとったり、来客があったりして作業が中断させられることに、いら立ちを感じてしまいます。

再度の起動に時間がかかることから、作業ペースも格段に悪くなってしまうため、中断が多い職場では、ものすごく疲れるわりに仕事がなかなかはかどりません。

⑪やるべき作業がなかなか腑に落ちず判断が遅くなる

上司から指示されたり会議で決まったりしたことについて、自分の中でその業務のイメージが腑に落ちるのに時間がかかってしまいます。そのため、実際に判断して結論を出したり、業務に着手することも遅くなってしまいます。回答を求められてから何日も経っているのに、結論が出せなかったり、まったく何も作業に手をつけていなかったりして、「やる気がない」とか「何か不服なのか」などと腹に一物あるように誤解されてしまうこともあります。

特に、まったく初めてのことや、会議で二転三転した結果決まった話、以前とは違うやり方に変更するなどの場合は、自分の中で腑に落ちて結論づけられるまでにとても時間がかかってしまいます。

⑫自分の理解した内容が他者と異なる

打ち合わせや会議の中で決まったことや、上司から指示されたこと、同僚にちょっと頼まれたことなどについて、自分が理解した内容と、相手が伝えたつもりの内容とがかみ合っていないことがあります。蓋を開けてみたら、相手が期待したものと違う作業をしていて、「そんなこと言ってない」「いやいや、そう言ったはず」と水掛け論になってもめてしまうこともあります。

自分の理解した内容が、自分にとって都合のよい部分だけ聞いているとか、都合のよい解釈をしていると誤解され、次第に信用を失ってしまうのではないかと不安です。自分としては、そういう意図はないのですが、どこでどう道がズレてしまうのかわからないだけに、自分の判断に自信が持てません。

⑬電話で受け答えする際にうまく判断できない

電話で一度にたくさん話されると、耳から入った情報が途中でどんどん消えていってしまうような感じで正確に記憶できず、焦って混乱し、うまく対応することができません。上司や同僚に電話の内容を伝えるのですが、確認すべき情報が漏れていたり、忘れていたりして、困ることが多々あります。

「メモしながら聞きなさい」と助言されるのですが、メモを取ろうとすると、かえって聞き取れなくなります。電話は、相手の様子がまったく見えないこと自体が不安で、少しでもお互いの間に沈黙が生じることが怖いと感じてしまいます。そのため、沈黙にならないよう、つい一方的に畳みかけるように話をしてしまうこともあります。

後から「一方的に言いすぎたかな」「自分が言ったことを相手がどう思ったかな」と心配が募ってしまい、そのことで頭がいっぱいになってしまうため、電話を切った後には、一段と業務が進まなくなります。

電話でうまく対応できなかったということがたび重なると、電話が鳴るだけで緊張してしまい、頭が真っ白になって何も考えられなくなってしまいます。そもそも、突然の電話に業務がさえぎられることにも抵抗があるし、作業に没頭していると電話が鳴ったのに気がつかないこともあります。

⑭複数人数で話す場面で適切な発言ができない

会議や複数でのランチ、飲み会など、誰が何を言うか予測不能な場面や、話の展開が二転三転する場面に、自分の考えが追いつかないと感じることがあります。また、自分では原因がわからないのですが、自分の発言でその場を凍りつかせたり、しらけさせてしまったのではないかと思うことがあります。そういう苦い経験を何度かすると、何か自分が発言しなければならないと思うだけで、緊張が高くなり、気持ちだけが空回りしてしまいます。

このようなさまざまな判断の場面において、うまくいかない、つらい、と感じるのはなぜなのでしょうか。次章でそれを考えていきましょう。

第3章

どんな特性が影響しているのか

前の章で挙げた「判断すること」に関係する、職場でうまくいかないさまざまな「場面」は、「発達障害の特性」が影響していると考えられます。

しかし、これらの「場面」そのものが「発達障害特性」なのではありません。発達障害の特性によってうまくできないこととして「顕在化している場面」です。

往々にして、その人の発達障害特性を説明しようとするときに、「うまくいかなかった場面」をただ並べ立ててしまいがちです。「あのときこう失敗した」「これもうまくできなかった」などと「場面」を羅列するだけでは、「自分の現在の生活にとって最も障壁となっている障害特性は何か」ということを把握できません。それどころか自己嫌悪や恐怖心だけが積もってしまい、「結局自分は何をやってもダメ」という気持ちになってしまうのです。これが、本書のタイトルにもなっている判断することが「怖い」というもっとも大きな理由です。

大事なことは、うまくできない「場面」を並べ立てるだけでなく、「それらに通底している（どの場面にも共通している）」自分自身の社会生活に最も障壁となっている特性をきちんと把握することなのです。

では、うまくできない場面に共通している、現在の自分自身の生活に最も障壁となっている発達障害特性は、どうやったら把握できるのでしょうか。それは、うまくいかない場面に共通する「苦手な機能」を抽出することです。

そのためには、73ページの図にあるように、複数の「うまくいかない場面」に影響している「最も障壁となっている特性」を同定していくことです。

ここでは、特に「判断すること」に影響があると思われる特性を挙げてみたいと思います。

これらの「特性」の表現は、あえて専門的な表現ではなく、自分自身を説明する際の「キーセンテンス」になるよう、できるだけわかりやすい身近な言葉を使っています。

①「だいたいこれくらい」をつかむのが苦手という特性

第2章の①~②の場面で影響している特性です。視覚化が難しく、基準がはっきりしないもの、曖昧なものに対して、その「質や程度や度合い」を把握することが苦手という特性です。イマジネーション（想像）の障害が関係しているものと思われ、職業生活の多くの場面で影響を与えると考えられます。

「ざっと目を通して……」「ラフにまとめて……」「無理のない範囲で……」「いいころ合いで……」「とりあえずやってみて……」「めどをたてて……」「この作業がだいたい終わったら……」などなど、視覚化が難しく、基準がはっきりしない、曖昧な言葉は、職場で当たり前のように頻繁に使われます。

表現の曖昧さだけではありません。職場での対人関係もこうした曖昧な要素がたくさんあります。さまざまな立場や利害関係や協働関係が複雑な職場において、他者の本心や意図、感情といったものは、まさに「目に見えない曖昧なもの」であり、それをつかまえるのは最も難しいといえるかもしれません。それから、自分が「困っている度合い」とか「疲れ」や「しんどさ」といったものもそうです。

このように、職場では「視覚化が難しく、明確な基準もなく、曖昧なもの」に対して、「だいたいこれくらい」を把握しながら物事を進めなければならないのです。

もう少し具体的にお話ししましょう。たとえば「ざっと目を通す」の「ざっと」はどう

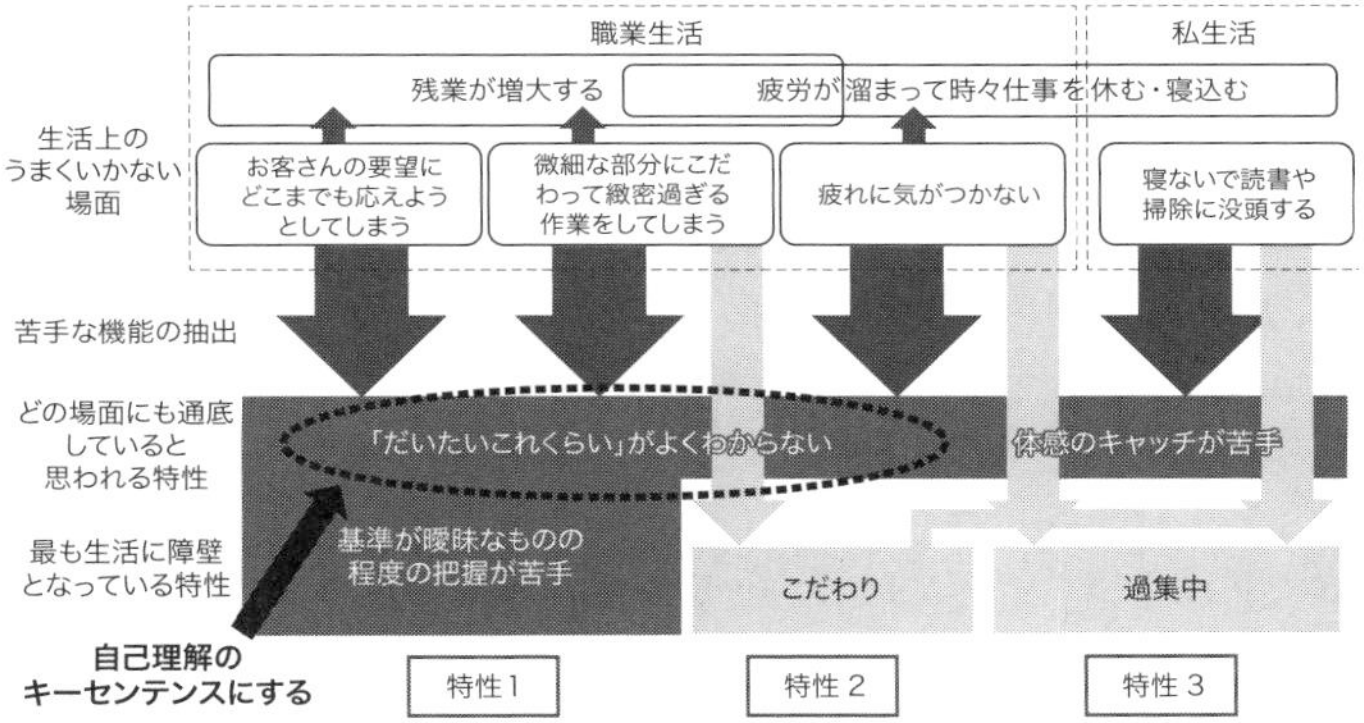
職業生活
私生活
残業が増大する
疲労が溜まって時々仕事を休む・寝込む
生活上の
うまくいかない
場面
お客さんの要望に
どこまでも応えよう
としてしまう
微細な部分にこだ
わって緻密過ぎる
作業をしてしまう
疲れに気がつかない
寝ないで読書や
掃除に没頭する
苦手な機能の抽出
どの場面にも通底
していると
思われる特性
「だいたいこれくらい」がよくわからない
体感のキャッチが苦手
最も生活に障壁
となっている特性
基準が曖昧なものの
程度の把握が苦手
こだわり
過集中
自己理解の
キーセンテンスにする
特性1
特性2
特性3

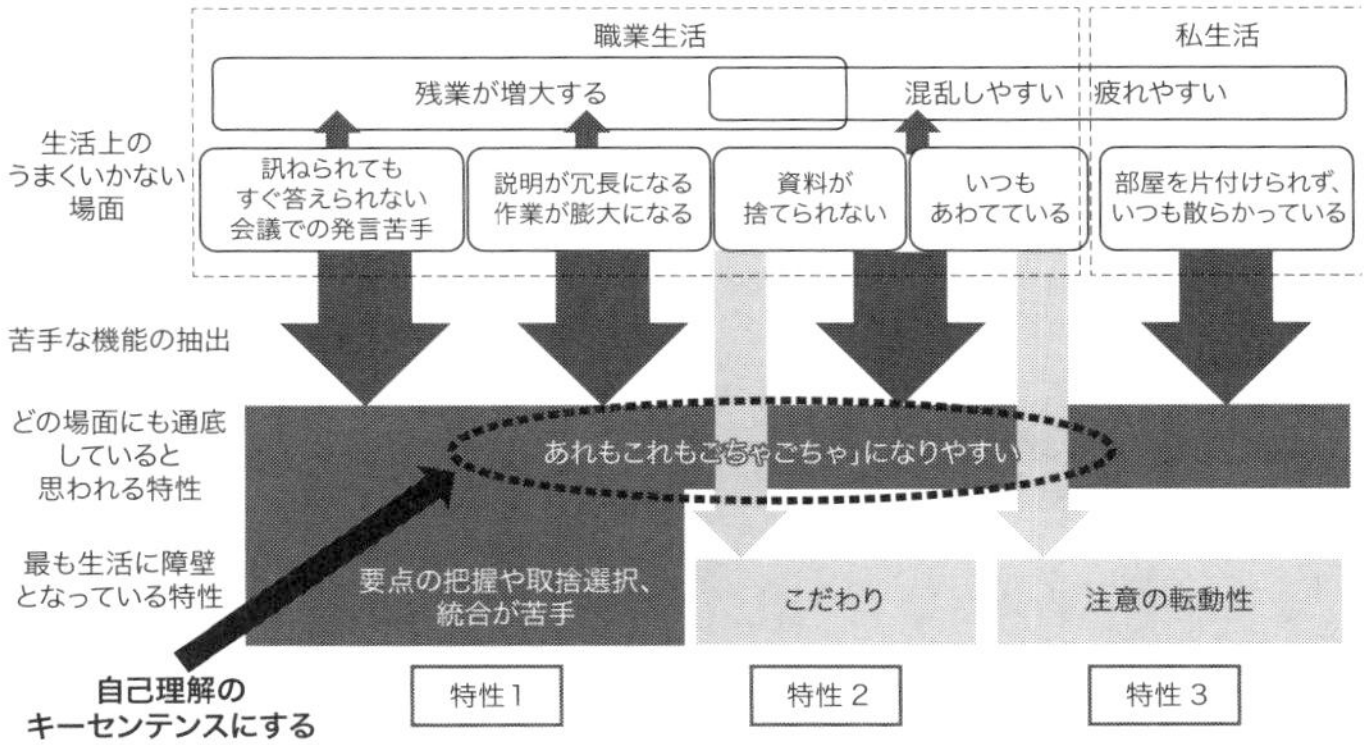
職業生活
私生活
残業が増大する
混乱しやすい
疲れやすい
生活上の
うまくいかない
場面
訊ねられても
すぐ答えられない
会議での発言苦手
説明が冗長になる
作業が膨大になる
資料が
捨てられない
いつも
あわてている
部屋を片付けられず、
いつも散らかっている
苦手な機能の抽出
どの場面にも通底
していると
思われる特性
「あれもこれもごちゃごちゃ」になりやすい
最も生活に障壁
となっている特性
要点の把握や取捨選択、
統合が苦手
こだわり
注意の転動性
自己理解の
キーセンテンスにする
特性1
特性2
特性3

いう意味でしょうか。「今すぐに1～2分で」という意味なのか「今日、明日中に見ればいい」のか、はたまた「誤字脱字を見て」なのか「おおむねの主旨を確認してほしい」なのか。そうしたことをそのときの状況や話の文脈の中で読み取らねばなりません。はっきり決まっているわけでもない、明確に指示されているわけでもないけれども、「でもおおよそこうだろうな」という「内容」や「精度」や「ころ合い」をつかむ必要があるわけです。

そしてさらに、そういうことにどうすればいいのか迷ってあれこれ考えてもよくわからず、時間が経っていくという状態は「困っている」状態なのですが、「どれくらい困った」状態や状況であれば相談してよいのかがわかりません。これも「困り度合い」という基準も明確ではない曖昧な物事に対する程度の把握であるわけです。

「この作業はどれくらい重要か」「自分はどれくらい関与したらいいか」「どれくらい急いでやればいいか」「どれくらいの緻密な作業が必要か」「いつごろ提出すればいいのか」「どの段階で関係者に声掛けするか」、そして自分の「困り度合い」とか「疲れ具合い」とか「しんどさ具合い」などなど自分の感覚に関することもすべて、「おおよそこうだろう」という程度をつかむ必要がある行為なのです。それらを、「一般的な常識感」や「これまでの経緯や文脈」や「相手が持っている意図や意向」や「相手との会話のニュアンス」「自分の気持ちや体の状態の感知」などから判断し、業務を遂行しなければなりません。

このように、「視覚化が難しく（目に見えず）、基準がはっきりしない、曖昧なものを把握するのが苦手」という障害特性があるために、職場でこのような曖昧なものを扱わねばならないときに、とても苦労してしまうのです。それでも自分なりに判断して作業を進めた結果、期待された成果物とは違うものが出来上がってしまったり、周囲と足並みがそろわず不協和音になってしまうなどといったことも生じてきます。

第3章②の「手加減がわからない」というのも同じように説明できます。

「手加減」を字義通りに考えると、なんだかズルをしているように聞こえますが、そういう意味ではありません。ここでのニュアンスは「ちょうどよい注力度合い」とか「ちょうどよいボリュームや精度」で作業すること、という意味です。

というのも、何か作業をする場合には、その作業の依頼者の意図や、状況の経緯、重要度、提出期限などを鑑みて、「だいたいこれくらいが妥当だな」という成果物の仕上がりをイメージする必要があります。

つまり、これも「視覚化が難しく、基準もなく、曖昧なもの」を総合して「だいたいこれくらい」を把握する、というイマジネーションが必要なのです。ですから、たとえば10行程度の文章を作成すれば事足りる作業でも、大事な要点の度合いをつかむことが難しいと、情報の取捨選択ができずに、あれもこれも情報を入れてしまって、A4で3枚でも収まりきらないボリュームになり、時間も労力も多大に費やしてしまうなどといったことも生じてしまうのです。

この「だいたいこれくらい」を把握することが苦手という特性に、さらに「こだわり」が加わると、たとえ「きっとここまで詳しく書かなくていいのだろうな」とわかっていたとしても、どうしてもやり方を変えられない、一度決めたやり方でやり通さずにはいられない、ということもあります。

上司から「優先順位をつけろ」とか「完璧主義だ」などと言われるような人は、こうした「だいたいこれくらい」を把握することが苦手で、かつ、「こだわり」もあって、結果、成果物のボリュームや精度に周囲の期待と相違が生じたり、提出時期が大幅に遅れたり、ということになりがちです。

②あれもこれもごちゃごちゃになりやすい特性

イマジネーションの障害や衝動性といった障害が関係し、「あれもこれも」と思考が広がってしまって、判断を帰着させることがうまくできないという特性があります。「要点の整理や統合が苦手」で「ごちゃごちゃになりやすい」という特性です。

「整理」とか「統合」に必要な機能とは、部分的な複数のパーツを集めて、「一貫性のある一つのまとまり」にすること、あるいは、バラバラに存在するさまざまな要素のポイントをとらえ、「一つに結論づけること」です。

しかし、このような「整理」や「統合」が苦手だと、頭の中はごちゃごちゃになりやすいのです。「ごちゃごちゃ」な状態で考えようとすると混乱するし、混乱しながら考えるわけですから時間も労力もかかってしまうのと同時に、そういう時には、イライラして不安定な精神状態になってしまいます。ですから、この「ごちゃごちゃしやすい」という特性は、職業生活上のあらゆる「判断すること」に大きく影響していると考えられます。

一方で、一つの事柄を深く掘り下げることや、「部分」の視点で見るのが得意であることもあります。そういう人は、何かを詳しく調べたり、一つの要素を細かく拾いだすことなど、局所的視点で緻密にとらえる際に力を発揮することがあります。

しかし、部分的な視点が複数になってしまうと、それを統合したり整理したりできずに、部分がすべて横並びに広がってしまって、部分的な「あれも、これも」が飽和して、頭の中が「ごちゃごちゃ」という感覚に陥ってしまいます。

「判断する」ということは、「一つの結論を導き出して決定すること」ですから、複数の視点が並列にたくさん横に広がっている状態では、判断することはなかなか難しいといえます。

たとえば、何か意見や説明を求められたりした場面では、頭の中で「あれもこれも」とさまざまな部分的考えが横行して、ごちゃごちゃしてしまい、結局それらをまとめて一つの考えとして表明することができなくなってしまうのです。

「これも言わなきゃ、あれも言わなきゃ」「でもああかも、やっぱりこうかも」と、言いたいことや迷いなど、思考が横に広がってしまい、結局話が冗長になってしまったり、結論づけられなかったりしてしまいます。

そのため、上司から、「説明が長すぎる」とか「要領よく言ってくれ」「だから結論は?」「結局、何が言いたいんだ?」などと言われてしまいます。すると、とたんにプレッシャーに感じ、今度は逆に、説明が長くなることを恐れて極端に言葉足らずとなってしまうこともあります。

また、会議などの複数の人が発言し、話の方向性が二転三転するような場面では、85ページで後述する「ワーキングメモリ」の問題も関係し、話の展開にうまくついていけないこともあります。

話の進行がうまく飲み込めていない上に、「あれもこれも」と考えが広がると、頭の中の「ごちゃごちゃ」はさらに加速して焦り、パニック状態になってしまうのです。ですから、会議などで何も発言できないからといって何も考えがないわけではなく、むしろたくさんあれこれ横広がりに考えすぎて出口が詰まってしまう感じなのではないかと思います。

このような説明や会議で求められる発言など、口頭で対応する場面だけでなく、実は、文章化するような場面でも、「あれもこれも、ごちゃごちゃになりやすい」という特性が影響してしまうことがあります。

たとえば、社内外に出す文書を作成するというような際に、すでに具体的な文章のひな型があって、それをもとに作成することができる場合は比較的スムーズに作業できます。しかし、新たな文章を考えなければならないとすると、文面の趣旨は決まっていたとしても、その言い回しや言葉遣いなどはたくさんの選択肢があるわけですから、それらの中から一つを、ある程度直観的に決断しなければなりません。しかし、「ああでもない、こうでもない」と選択肢を並べてしまい、最終的な決定までに時間がかかってしまいます。

他にも、たとえば洋服を選ぶとか、何かを購入するなどにも、そうした「あれもこれも、でなかなか決められない」ということが起こることもあります。だからこそ、「これがよい」

と感じたものがあれば、ずっとその同じものを使い続ける、繰り返し購入し続ける、というようなこともあります。

文章の言い回しにしても洋服選びにしても、「これ」と一つに決めるには、何か明確なエビデンスがあるわけでなく、感覚的に決めなければなりません。おそらく、前述の「曖昧なものの程度や度合いを把握するのが苦手」という特性と、「ごちゃごちゃしやすい」が相まって、なかなか決められないということが起こってくるのだと思います。

また、「あれもこれも」になりやすい特性が物理的に表れると、「整理整頓が苦手」ということにもつながります。実際、発達障害特性のある人は部屋や職場のデスクの片づけが苦手で、物が散乱している状態になってしまう傾向があり、整理しようとしてもなかなか進みません。

たとえば、山積みの書類を整理しようとしたとします。しかし、いざ作業に着手しても、「内容」「重要度」「頻度」「書類の発行年」「書類の発行元」……などなど分類の観点を頭の中で増やしてあれこれ考えてしまい、なかなかうまく分類できません。

また、「書類がなくて困りたくない」という不安もあって、結局、「あれも大事、これも大事」「あれも必要、これも必要」と書類を捨てられずに、ため込んでしまうことになります。そして、書類をため込めばため込むほど、さらに整理がつかなくなってしまうのです。

「あれもこれもごちゃごちゃになりやすい」という特性に加えて、「周囲の刺激に反応しやすく、注意があれこれと向きやすい（注意の転動）」という特性を持っている場合には、「あれもこれも」がさらに助長されてしまうことがあります。周囲の音や、せわしなさや、パッと目についたものなどに注意が向いてしまい、それらに反応して、「あれもこれも」になってしまうのです。

片付けをする際などには、一つのものを収納しようと棚のある場所に向かう途中で、別の気になるものが目に入ると、今度はそれをどこかにしまおうとする、また途中で別に目に入ったものが気になって……という具合に、どんどん手を広げてしまい、収束できなくなってしまいます。

「あれもこれもごちゃごちゃになりやすい」という特性は、頭の中の整理や、物理的な整理を妨げて、「判断する」ことの困難さに影響を与えていると考えられます。

③思考の道筋が固定的（こだわりが強い）という特性

人にはそれぞれ得意な思考の「道筋」があります。自分が理解しやすい思考回路です。たとえば、アルゴリズムのように定式化した形で思考を進めていく道筋もあれば、抽象的な概念の中から思考があぶりだされていくように考える道筋もあるでしょう。目の前にある緻密な情報に従って処理していく思考もあれば、経験のないことを想像しながら進めていく思考や、まだ起こっていないことを見通す思考、論理的な積み立てをしない直観的な思考もあります。

こうした思考のバリエーションがあるなかで、それぞれ人によって、つながりやすい道もあれば、なかなかつながりにくい道もあります。道がつながったところはスムーズに通ることができますが、道が途切れていれば通ることはできません。たくさんの思考の道筋が臨機応変につながって通ることができれば、柔軟に思考できるということになるでしょう。

しかし、思考の道筋が限られていると、他の道筋はなかなか受け付けられないか、もしくは自分の思考の道筋に軌道を修正して通ろうとします。そうすると、物事に対して「これはこういうものだ」とか、物事のやり方や考え方に「こう進めるのが当然だ」「こう考えるべきだ」などといったように、どうしても固定的で硬い思考になったり、思考するのにとても時間がかかってしまったり、自分の解釈と他者の解釈が異なってしまう、などということが生じます。

他者からすると、自分の考えを曲げない頑固者だとか、反抗的な態度であると誤解されたり、意図的に自分に都合のよいように解釈していると思われてしまうこともあります。

また、どうしても自分が得意とする道や、慣れ親しんだ道ではない道を通らねばならないような状況ではかなりの労力が必要とされるため、新しいことに対して躊躇や抵抗感が大きくなります。

④作業しながら使う一時的な記憶（ワーキングメモリ）が苦手という特性

「記憶」とは、暗記したものを引き出しから出すことである、というイメージが一般的だと思います。しかし、ここでいう記憶とは、考えるときや作業するときに、さまざまな情報を一時的に頭にとどめ置くことです。

情報を一時的に頭にとどめ置きながら、それらの関係や意味を把握していくことによって、意味のあるまとまりとして理解することができるわけです。たとえば、何かの文章を読むときには、文字面だけ追って読んでいても内容は理解できません。文字を追いながら、文字と文字、文と文を頭にとどめ置きながら思考してその意味を把握し、初めて文章を理解することができます。

頭の中の記憶の一時置き場に情報を置きながら処理していく感覚です。この作業を「ワーキングメモリ」といいます。しかし、発達障害には、この一時置き場の場所がすぐにいっぱいになってしまって、処理が追いつかなくなってしまうという特性があります。

情報のインプットには、耳からの情報（聴覚情報）と、目からの情報（視覚情報）が大半を占めますが、発達障害がある場合に、どちらかに苦手がみられることがあります。臨床的な印象としては、聴覚情報が苦手という人が多いように思います。

朝礼や会議などで、口頭で一度にたくさん指示されるとうまく聞き取れず、正確に理解することが難しいという悩みをよく聞きます。情報は次から次へと入ってくるのですが、一時置き場がすぐにいっぱいになってしまって情報が漏れ落ちてしまう感じなのだと思われます。

そうすると、一時置き場に残っている限られた情報や部分的な情報をつなぎ合わせて考えを進めなければいけないため、結果的に理解がズレてしまっていることがあります。そうすると、「真剣に聞いていない」とか「自分の都合のよい理解をしている」と誤解されてしまうことにもなってしまいます。

「判断すること」が必要なさまざまな場面では、まずは情報のインプットが必要ですから、情報をうまく入れることができないと、判断することにも困難が生じてしまうのです。

この章では、

①「だいたいこれくらい」がよくわからない（程度の把握が苦手）
②「あれもこれもごちゃごちゃ」になりやすい（要点の把握や統合が苦手）
③思考の道筋が固定的（こだわりが強い）

④作業しながら使う一時的な記憶（ワーキングメモリ）が苦手
という４つの特性についてお話ししました。

それぞれが「判断する」ことにどのように影響するのかということを解説しましたが、４つのうちのどれか１つだけが当てはまっているとは限らず、実際にはこれらの４つの特性が複合的に作用して「判断すること」に影響を与えると考えられます。

もちろん、脳の機能はもっともっと複雑ですから、これ以外の特性が関係していることもあります。だからこそ、どうして自分は「判断すること」が苦手なのかとか、どうしてそういう結果になったのか、ということを説明するのは簡単ではなく、最終的に「うまくできなかった」「失敗した」という結論だけが残り、「判断すること」が怖くなっていってしまうのです。

ここまで読んでいただいて、職場で起こる現象と、それに影響する自分の特性が見えてきたでしょうか。それが見えてくると、「では、どうしたらよいのだろうか」と対応策を考えることになるでしょう。

どうしたらよいかのヒントをお話しする前に、特性以外でも実は自分の本来の力を阻んだり、苦しくさせていることがありますので、次章で見ていきたいと思います。

第4章
陥りがちな心理としてしまいがちな行動

前の章では、「判断すること」に影響を与えていると考えられる特性についてお話ししました。そして、それらの「特性」が複合的に作用して「判断する」ことを難しくしているともお伝えしました。

しかし、実は特性だけでなく、もしかしたらそれ以上に大事なことがあります。それは「陥りがちな心理」です。失敗体験を繰り返すと、どうしても心が委縮してしまいます。「また失敗するのではないか」「とにかく失敗しないようにしなければいけない」「自分はまたダメに違いない」という不安や緊張が大きくなって、仕事をする上での「行動」に影響を与えるようになります。

実は、こうした「陥りがちな心理」やそれにひもづいた「適切ではない行動」によって、自分自身をさらに苦しくさせているのです。もちろん、元をたどれば「障害特性」が影響しているのですが、それ自体の問題はもしかしたらそれほど大きくないのに、「また失敗するのではないか」という不安や緊張や恐怖、「自分はダメだ」という自己否定など「心理的な問題」のほうが増大し、障害特性以上に大きな苦しみになってしまっていることが多いのです。

留意しなければならないのは、これらの行動は二次的なものですから「障害特性」そのものではないのですが、そうした二次的な心理や行動をも全部「障害特性」であるかのように誤認してしまうことです。

それらを全部「障害特性」であると誤認すると、本当はできることさえもできないように思い込みますし、何をどのように工夫していけば楽になるのか、もうわからなくなってしまうのです。

ですから、「障害特性」と「そこから生まれる心理（気持ち）」と「そしてその心理に影響されて生じる行動」を、きちんと分けて考える必要があります。「心理」や「行動」は自分が創り上げることですから、それに気がつけば、もっと楽になったり、本当はできる力も十分にありうるのです。

では、その方法をお話しする前に、具体的に「陥りがちな心理」と、そこから生じる、職場において「してしまいがちな行動」とはどういうことなのか、見ていきたいと思います。

陥りがちな心理

不安と焦りと恐れ

人は誰でも失敗が重なると、「また失敗するのではないか」と不安が起こります。そして「もう失敗を繰り返したくない」と考えます。それは当たり前の気持ちです。しかし、いつもその気持ちが優先するようになると、たとえば同僚に何かを尋ねられたり、上司に新しい業務を指示されたりしても、その中身について考えるよりも先に不安が押し寄せてしまいます。

不安が不安を呼んで膨らみ、さらに焦りや恐れも呼び込みます。そして、不安と焦りと恐れがそろうと、思考は停止してしまいます。思考停止すると、本来ならできることさえもできなくなってしまうのです。

「あわててしまってうまく思考できなくなる」「頭がごちゃごちゃして混乱してしまう」「不安が不安を呼んでどうしてよいかわからなくなる」という状態です。こうした、いわば「プチパニック」状態になると、できることもできなくなるわけです。けれども、次第に自分に自信がなくなって、「自分は何もできない」「何をやってもダメ」と自己を否定する気持ちが大きくなっていってしまうのです。

ですから、実はうまくいかないことやうまく判断できないことは、全部が全部、障害特性から来るのではなくて、プチパニック状態によってできることもできなくなってしまうということもあることを知ってほしいのです。

前章までにお話ししてきたことを踏まえると、自分のどういう特性が、どういう現象を生み出しているのかわかると思います。そしてそれとは別に不安や焦りや恐れという心が生じているのも理解できるでしょう。そこを分けて考えると、心がプチパニックに陥らず落ち着いていられれば、本来ならできることもあるということに気がついてもらえると思います。第7章で、平常心に戻ってくる方法も実践していただきたいと思います。

自分や周囲への怒り

失敗したらどうしようという不安や焦りもありながら、自覚している感情は「怒り」ということもあります。「どうして自分はうまくできないのか」という自分へのいら立ちの怒りもありますが、時として他者に向けられる「怒り」もあります。

「自分は他者に阻まれているからうまくいかないのだ」とか「周囲の考えが間違っているから自分が被害を受けるのだ」という考えが大きくなり、同僚や上司、組織や社会に対して激しい怒りを感じてしまうのです。

それが「こうあるべき」という思考と相まってしまうと、「会社や周囲は間違っている」などと「唯一の正論」として上司や組織にぶつけてしまうこともあります。また、それでも自分が受け入れられないと、上司や組織のやり方をパワハラであると感じて、被害を受けたとして訴えたいという気持ちになるまで追い詰められてしまうこともあります。

実は、この「怒り」という感情は一筋縄ではいきません。その怒りが自分の中で「唯一の正論」として成り立ってしまっている以上、なかなか他の考えを受け付けられず、他者の考えや立場や気持ちをはねつけてしまいます。「自分は正しい」という形で怒りを持っていることで、本当はもっと自分自身についてさまざまな角度から理解すべきことに気づくのが難しくなってしまうことにもなります。

逆に言えば、自分自身に正面から向き合って気づくということは、とても勇気のいることなのです。誰しも自分のなかなかうまくできないことや、自分自身の不安や恐れなどに目を向けたくはありません。しかし、「怒り」で自分を守れるかというとそうでもありません。周囲との軋轢を生んで孤立し、さまざまな仕事のやりにくさを生じさせることになるのはいうまでもありません。

また、怒ることは、身体にも非常に負担がかかって心と体のエネルギーを使うことにもなります。血圧上昇や、ひいては脳・心臓疾患にも影響するという研究結果もあります。また、心のエネルギーを消耗しますので、うつ病などのメンタルヘルス不調の温床にもなってしまいます。

被害意識が強くなる

何かがうまくいかなかったときに、誰かが自分を意図的におとしめようとしているといったような、被害的な感情が湧いてしまうことがあります。これは、前述の「怒り」の感情や「自分は間違っていない」という考えと相まって、次第に強固になっていきます。

もちろん実際、たび重なる人間関係の摩擦によって、誰かとよい関係ではない状態になっていることはあります。しかし「あまり関係がよくない」という以上に、職場の誰かが、ある意図を持って自分を阻んでいるとか、おとしめようとしているとか、具体的な嫌がらせをしているといったような気持ちに至ってしまうのであれば、被害意識が行きすぎているといえるかもしれません。それだけ気持ちが追い詰められているともいえます。

そして、被害意識が強くなってくると、上司をパワハラで訴えたいとか、組織の悪事を糾弾したいという考えも湧いてきて、四面楚歌の状況を生んでしまうこともあります。

もちろんパワーを持っている人が、相いれない相手に、ネガティブな感情をパワーによって表現してしまう、すなわちパワハラを行うということも、事実あるとは思います。

しかし一方で、上司にはそうしたパワーの行使や意図的な悪意はないのだけれども、本人の被害意識が強くなってしまうことによって、上司によるすべての指導や注意、評価が悪意のあるパワハラであると本人が受け取ってしまうこともあります。

業務がいっぱい！　という気持ちでいつもあわててしまう

業務の「重要度」や「急ぎ度」「精度」というような「程度」の手加減がうまくできないため、上司や同僚からすると些細な頼み事や負担が軽いはずの業務でも、すべて「やらねばならない業務」として、ひとくくりに位置づけてしまいます。どんなに些細な業務でも、全部を同じ重みづけで横並びに考えてしまうと、膨大な業務を抱えているような負担感があり、「あれもこれもやらなければ」といつも気持ちがせいてあわててしまっている状態になります。

周囲からは、本人の業務量は多くないし業務の難易度も低いので負担は少ないはずだ、と見られていても、本人としては「たくさんの業務を抱えていて、いつもいっぱいいっぱいだ！」という気持ちが占めています。ですから、自分は精一杯やっているのに、周囲は理解してくれない、という不本意な気持ちにもなってしまいます。

ついしてしまいがちな行動

次に既述の心理と相まって「ついしてしまいがちな行動」です。前述のような不安や怒り、恐れ、焦りといった心理は、必ず行動に影響します。こうした心の問題は、仕事上ではどんな行動を引き起こすのでしょうか。具体的に挙げてみます。

自分の考えや意見をすぐに撤回してしまう

自分ではなかなか決められないし、決めることに自信がありません。ですから、他者が何かを強く主張したり、自分の考えに否定的な意見を示すと、そちらのほうが正しくて自分が間違っているように思ってしまいます。

すると、たとえ十分に相手の意見を理解していなかったり、納得していなかったとしても、すぐに自分の考えを撤回し、相手の意見に同意してしまうことになります。理解も納得もしていないのに、相手の主張に譲ってしまうことで、「自分には意志や考えがない」とか「他者にすぐ流されてしまう」と自認してしまい、それがさらに自己評価の低さを助長してしまいます。

なるべく仕事を「増やさない」方向で考えてしまう

自分がやることに対して不安や恐怖心が大きければ、誰でも「失敗を避けたい」と考えるものです。そして失敗しないための戦略として、とにかく「下手なことに手出ししない」という防衛的考えを持つこともあるでしょう。

できるだけ業務が増えないように、新しい業務を指名されないように、できるだけ自分の作業が目立たないように……と、どうしても消極的になってしまいます。

会議でも否定的な意見ばかり出したり、新しい業務や役割をアサインされても積極的に引き受けられなかったり、ちょっとした頼まれごとを断ったり、といった行動として表れるようになります。

上司や周囲からは「消極的だ」「やる気が見られない」と評価されてしまいます。本当は自分だって積極的に仕事に取り組み、バリバリこなしてやりがいを感じたい。けれども、不安や恐怖心が大きいためにどうしても消極的になってしまい、そういう自分にどこか嫌気も感じて、いつも自分自身が歯がゆく、くすぶったような苦しみを抱えています。

人間関係を避ける

対人コミュニケーションが苦手であることや、そもそもあまり他者に関心がないことから、人と関わりたいという気持ちを積極的に持っていないこともあります。しかし、そうした特性からだけでなく、仕事に対して不安が大きければ、それは確実に対人関係にも影響します。なぜなら、職場では業務を媒介にした人間関係が不可避だからです。

なんとなく気が合う仲間とか、共通の趣味の友人というわけではなく、業務を間に挟んだ関係である以上、業務がうまくいかない不安があれば、職場の人とうまくいかない不安が醸成されるのは当然のことです。

自分が積極的に仕事に取り組めなかったり、自分が評価されていないと思っていたり、被害感が募っていたりすれば、職場の人間関係を避けるようになります。実際に対人トラブルになったり、ぎすぎすした関係になったりすることもあるでしょう。

もちろん、無理して親しい関係を目指す必要はありません。しかし問題となるのは、職場での対人関係に回避的になることで、「ちょっと声をかければ済むこと」や、「早めに確認すべきこと」ができなくなることです。些細なひとことがかけられないことによって、後から大きな業務上の齟齬が生じてしまうこともあります。ですから人間関係に回避的になってしまうことは、業務上の判断をすることにもとても影響のあることなのです。

とりあえずなんでも引き取ってしまう

即時の対応、とっさの判断に自信がないので、本来ならその場ですぐに済ませてしまえるようなことでも、「後で調べてご連絡します」とか「こちらで確認して折り返します」「少し考えさせてください」「私が引き取ります」などと言ってしまいます。

結局、本来は相手のボールなのに、不用意に自分がそれを持ってしまうことになり、自分の業務を増やしてしまうことになります。それが次第に蓄積し、本来業務まで手が回らなくなって、追い詰められてしまうこともあります。

自分では必要な業務を一生懸命やっているのに、なぜか自分だけやらねばならないことが山積みになってしまう一因はこのようなところにもあるといえます。周囲は仕事に手を抜いているように見えたり、自分にだけ仕事を押しつけられているような気持ちになって被害感が募ることもあります。

しかし逆に周囲からは、不必要に仕事を増やし、時間を費やしているように思われることもあります。自分としてはできることをみんなよりもずっと精いっぱいやっているのに、評価されないことにも不満が募ってしまいます。

やるべきことを先送りにする

作業を先送りにしてしまい、次第にしわ寄せが大きくなって、業務が滞ってしまいます。会議で決まったことをすぐに文書にするとか、すぐに一通のメールを出してしまえば自分の手を離れることであっても、作業のイメージがなかなかつかめなかったり、行動の転換が苦手で、今着手していることの手を止められなかったりすることから、「この業務が終わってからやろう」「後で落ち着いて考えよう」「後でゆっくり手をつけよう」などと考えがちです。

しかし、作業は先送りにすればするほど、それにかかる時間が長くなります。なぜなら、時間が経てば経つほど、依頼された作業の内容や経緯や依頼者の考えなどの記憶をあらためて思い起こす必要がありますし、時には忘れてしまっていることもあり、記憶が曖昧であれば記録や会話をひもといて確認作業をしなければならないことも生じてくるからです。

やらなければならない作業は塩漬けにすればするほど、手がかかる代物になってしまうのです。また、先送りにすることで、当然ながら納期までの時間がタイトとなり、本題にかける十分な作業時間をとることができなくなるでしょう。

なんでも言い控えるようになる

「不適切なことを言って、後で収拾がつかないことになったらどうしよう」「何か余計なことを言って場を壊したりすることにならないか」などという不安が気持ちを占めるようになると、「できるだけ余計なことを言わないようにしよう」と思うようになります。そうすると、自分なりの考えがあっても、それを表明せずにいつもあえて言葉を飲み込むようになってしまいます。

自分の発言が否定されたり、発言によって雰囲気を変えてしまうようなリスクは避ける一方で、いつもモヤモヤと消化不良のような気持ちを抱えることになります。行き場のないモヤモヤした気持ちは、十分仕事を果たしていないような不全感や自己嫌悪、孤独感の温床となっていきます。

攻撃的になる

誰かに自分の意見を否定されたり、反対意見を述べられたりすると、怒りが抑えられずに猛反撃するというような過剰反応をしてしまうことがあります。いつもはむしろおとなしくてあまり多くを主張せず、他者の意見に従うように見える人が急に感情を爆発させるために、周囲から次第に「扱いにくい人」「急に怒り出すので怖い」という印象を持たれてしまうこともあります。

本人としては、自分の判断に自信がなく、不安な気持ちでいるため、非難されたり否定されたりすることがないようにいつも周囲に気を遣って神経をすり減らしています。周囲と軋轢が生じないように常に自分の気持ちや考えを押し殺しているのですが、だからこそ、何かの拍子で我慢の蓋が一気に開いて怒りが噴出してしまうのです。

報告・連絡・相談がなかなかできない

一般的に、発達障害特性によって「報告・連絡・相談」がうまくできない、といわれることがあります。

それらの適切なタイミングや言い方がわからないというよりは、自分がどのような状況であれば報告・連絡・相談をすべき適切な状況なのか、いわば「困り度合い」がつかみ切れないのではないかと思います。しかし、そうした特性による難しさだけでなく、この章でお話ししている「陥りがちな心理」も影響していると思います。

相談したら上司から叱責されるのではないか、何か言ったら否定されるのではないか、相談内容そのものが不適切なのではないか、不用意に相談したらますます評価が下がるのではないか、などという不安がとても大きいのです。

ですから、つい「今、相談しなくていいか」「もう少し自分でやってみてからにしよう」などと考えて抱え込んでしまい、適切な「報告・連絡・相談」のタイミングを逸してしまうことになります。

実際よくあるのは、上司からは「困ったらすぐに相談しろ」と言われたにもかかわらず、相談してみたら今度は「少しは自分で考えろ」「まずは自分なりに案を考えてから聞きにこい」などと言われてしまうことです。するとさらに、他者に自らコンタクトして状況を開示することそのものに対する不安や抵抗が大きくなってしまうのです。

いろいろな人に意見や助言を求めてしまう

自分の考えがなかなかまとまらず判断に自信がなく、また自分なりの考えがあったとしても、他者から保証されないとなかなか不安が解消できません。先に「報告・連絡・相談」がなかなかできない面があるとお伝えしましたが、逆に、わからないことがあると、すぐに回答を求めて、一度にいろいろな人に尋ねて回ってしまうこともあります。

最初に尋ねた人から明確な回答が得られればよいのですが、すぐに回答が得られない場合や、回答が不明瞭だった場合、はっきりと即答が得られない場合は、曖昧さに我慢しきれず、すぐまた別の誰かに尋ねてしまいます。しかし、一度にいろいろな人からの意見を聞いたことによって混乱し、かえって判断できなくなってしまうこともあります。

また、不用意に複数の人に聞いて回ると、真剣に回答した人が「自分の回答をなおざりにしている」と気分を害してしまうこともあり、本人が意図せず職場の調和が乱れてしまうこともあります。

先々をとめどなくシミュレーションしてしまう

仕事においては、計画的に取り組むとか先の見通しをつけて作業するとかいうことが必要なことがある一方、出たとこ勝負で対応するしかないこともあります。当日にならないとわからないとか、やってみないとわからないという業務は、その時・その場で臨機応変に対応することが求められます。

たとえば不特定多数の人を相手にする接客やイベントやプレゼンなどは、当日までの準備はするにしても、本番は誰が来るのか、何を求められるのか、どんな質問があるのかなどはわかりません。そこで突発的なことにも即時に判断して対応することが必要となってくるわけです。

しかし、とっさに情報を整理して判断することに対して不安が大きいと、先々起こりうることを、事細かに事前シミュレーションしようとしてしまいます。「もしこうだったら」「もしああなったら」とさまざまな状況を仮定し対策を立てておこうとするため、事前準備にキリがなくなります。

どんなにシミュレーションしても、当日その通りになるとは限りませんから、いつまでも不安は払拭されず、緊張や混乱が大きくなってしまいます。

自分の心を助ける方法

人は、何かうまくいかないことやショックなことがあると、必ず「なぜ、こんなことが起きたの？」「なぜ私だけ？」と心の中でつぶやきます。それは、うまくいかないことの理由がわかることによって、自分を納得させ、どうにか受け入れようとする心の働きがあるからです。

自分の発達障害特性に気づいている・いないにかかわらず、うまくいかないときには、やはり「なぜうまくできないの？」「なぜ私だけ？」と数えきれないほどつぶやいていると思います。しかし、「なぜ?」という疑問を自分に投げかけても、容易に答えが出るわけではありません。うまくいかないことが繰り返されれば、当然この自問は強くなります。そして「自分なりの理由」や「自分なりの解釈」を編み出していきます。

「自分は性格が悪いからだ」とか「自分は能力が劣っているのだ」とか「誰にでも嫌われる性質なのだ」「自分は親に愛されなかったからだ」「自分は何をやってもうまくいかない人間なのだ」「会社というところは自分を追い詰め搾取する場所なのだ」「人は誰しも他人を蔑みおとしめるものだ」などと、うまくかない理由を自分流に解釈します。その結果、常に自分自身にダメ出しをして他者に疑心暗鬼になり、自分の心を萎縮させ、追い詰めていってしまいます。

カウンセリングの中で痛感することは、特にグレーゾーンの人たちは障害特性そのもの以上に、右に示したような自分流の解釈によって心の問題が生じ、それが生きる苦しみの中核になってしまっているということです。これらの解釈や信念は、いつも自分を支配して、本当はうまくいく可能性があることや、実際にうまくできたことさえも、まるで何もないかのように覆い隠してしまいます。そして、うまくいかなかったときだけに意識が向き、「ほらやっぱり自分はダメだ」と、その解釈の検証を繰り返し、いつしか「自分はダメだ」という強固な歪んだ信念を心の奥に根付かせることになってしまうのです。

歪んだ信念はとても強固なものですから、いつも心を重くし、物事をうまくいかないほうに自分を引っ張っていってしまいます。ですから、「なぜうまくいかないの？」の答えを自分流に解釈せずに、「適切に自分を知って理解する」ということは、こうした心の苦しさにとどまっている自分を救うことでもあるのです。

この章では、萎縮した心を楽にして、仕事の遂行や人間関係構築の工夫をしていくアイデアをいくつかお伝えします。第6章にある「自分を適切に説明する方法」と併せてこの章を活用し、どうか自分の心を助ける方向に自らを引っ張っていってほしいと思っています。

自分について適切に理解する

自分の心を助けるために最も大事なことは、自分が自分のことを知っていることです。

いつもイライラしていたり、急にパニックになったり、ひどく疲れてしまったりするのは、単純に誰かが悪かったり、業務の量が多いということではないのかもしれません。

そうなってしまう理由は、たとえば以下のようなことかもしれません。

「ざわついた職場の中でいつも頭が混乱しているところへ、急に仕事を振られたり話しかけられたりすると、とてもイラついてしまう」

「一度にあれこれたくさん一方的に話す上司からの指示は、途中でパニックになってしまって内容が理解できず、指示と違うことをしてしまう」

「一つのことをじっくり細かく作業するのは好きだが、ゼロから企画したりアイデアを問われたりするのはとても苦手で、企画部署に異動になってとてもつらい」

このように仕事上で障壁となってしまう自分の障害特性やその傾向の抽出については、70〜71ページと図表を参考にしてください。また、仕事に影響を与える可能性がある特性については、71〜86ページで4つの特性を挙げていますのでヒントにしてください。

「自分自身を知る」ということは特性だけを知ることではありません。この章でお話ししたように、どうしても陥りがちな心の状態や、ついしてしまう行動も自分自身を創っています。「特性」「陥りがちな心の状態」「ついしてしまいがちな行動」から自分自身をひもといていくことが必要なのです。

とはいえ、この作業は一朝一夕にできるものでもないと思います。一人で考え始めると、同じ道筋をぐるぐる堂々巡りするだけで、「ああそうか」というところまで至るのはなかなか難しいでしょう。

だからこそ、信頼して対話ができる人とともに、じっくり考えてみることも一つの方法として重要なのだと思います。これについては、カウンセリングを上手に利用することについて書いた第8章を参考にしていただければと思います。

自分の思い込みや行動パターンを知っておく

これまで繰り返しお伝えしてきました通り、「自分を知って理解する」ことは、大前提として最も重要です。そして、そのうえで、自分が陥りやすい「いつものパターン」を知っておくと、「あ、また自分は同じパターンになってしまっているな」と、客観的に自分に気づくことができやすくなります。

たとえば「自分は自分の考えだけが正しいと思い込んで強く主張してしまう癖がある」「自分はいつも誰かが自分を非難したり、ばかにしたりするだろうと思って攻撃的な態度になってしまう癖がある」「自分はとにかく物事を避ける、人を遠ざけることで失敗を回避しようとするが、それが仕事のやりにくさになってしまう」「細かいところにこだわりすぎて、いつも時間をかけすぎてしまう」「被害感が強くなってきたら感情が爆発するサインだ」などです。

職場で人間関係に軋轢が生じたり、業務上のトラブルになったりするときには、頻繁にやってしまう思い込みや行動のパターンが影響しています。

もちろん、それが障害特性ゆえだからこそ、簡単に修正できないということもあると思いますが、「自分の行動パターンはこうだな」と、キーセンテンスとして明確に自覚できていると、自分の行動にブレーキがかけられたり、早めに主治医やカウンセラーに相談でき、軌道修正や修復の手を打てる可能性が出てきます。

怒りを感じたらその場を離れる

急激に誰かに怒りを感じたり、とめどなく感情をあらわにしたくなったりすることもあると思います。もちろん、怒りを感じるだけの正当な理由がある、とそのときは感じるかもしれませんが、これまでお話ししてきたように、その怒りは、いつもずっと我慢し続けていることや、本当は自分に自信がなくていつも不安にさいなまれていること、とてもつらく感じる環境に身を置いていることなどが、その正体なのかもしれません。

言い換えれば、それほどまでに我慢や不安や恐怖という状態の中で、頑張って頑張って毎日を過ごしているということなのです。いつも気持ちがギリギリで、だからこそ、些細なことが引き金で一気に心のバランスを崩して、怒りが暴発してしまうのです。障害特性として、感情の抑制がうまくできないということもあるでしょうが、それと相まっていつもギリギリの心の状態であるという理解もとても大事なことだと思います。

そういう自分について、自分自身が理解してあげたうえで、だからこそ、その場で相手にその怒りをぶつけるのは得策ではないと知っておくことが大事です。一番よいのは、その場から離れることです。

怒りが漏れ出た状態でその場を離れるのでは遅いので、できるだけ早く「ごめん、ちょっと頭を冷やしてきます」とか「すみません。もう少し考えてみます」などと言えるよう、決まったセリフを用意しておくとよいかもしれません。怒りのコントロールの詳細については、第7章を参考にしてください。

呼吸を意識する

あわてているときや不安を感じているとき、頭がごちゃごちゃになって混乱しているときなどプチパニック状態に陥っている際には、自分の呼吸に意識を持っていくことで、気持ちが乱れても、平常心に戻って来やすくなります。また、過集中に陥りやすい人は、疲れにも尿意にも気づかないくらい緊張状態が続いています。その間は、呼吸が浅かったり、呼吸を止めていることもあります。自分の呼吸、息が出たり入ったりしているところに意識を注ぎ、それをコントロールしようとせずに、ただ単に息の出入りを見つめてみてください。

たとえば、午前11時に1回、午後3時に1回などと時間を決めて、作業の手を止め、席を数分離れて深呼吸したり、静かな場所で呼吸を整える、などというのも一つの方法です。過集中状態になってしまうと、そうした決めた時間にも気づかないということはあるのですが、タイマーをかけておくとか、周囲の同僚に声掛けしてもらうように頼んでおくなど、ちょっと工夫して、自分の状態に気づくようにすることが大事です。この方法は、怒りのコントロールにも有効です。後述の第7章も参考にしてください。

好きな時間を持つ

職場では、自覚以上にいろいろなことを我慢したり頑張ったりしているはずです。ものすごくエネルギーを使って気配りをしたり、全身で緊張して作業に集中していたり、あれこれたくさん入ってくる情報に頭はいつもフル回転だったり。

これらによって知らず知らずのうちに疲労が蓄積していることがよくあります。一般的なストレス解消法として、運動したり友人とおしゃべりしたりなどがよく挙げられますが、こうした方法が合っているとは限りません。

むしろ、それらが自分にとってはストレスになることもあります。ですから、自分にとって、もっとも安心でき、自然で無理がない時間の使い方をきちんと自覚していて、生活の中で実行していることがとても大事です。

それは人それぞれ違って構いません。慣れ親しんだ道をゆっくり歩くことだったり、気に入った同じＤＶＤを繰り返し見ることだったり、集めている物に囲まれていることだったり、ゲームに没頭すること、ベッドで読書することだったりします。自分のペースと自分の世界を満喫できるような時間が必要なのです。そうした時間が奪われてしまうと、頭がごちゃごちゃして疲労が回復せず、エネルギーが枯渇して、メンタルヘルス不調に陥ってしまうこともあります。

パワーナップをとる

障害特性は、その時の心身のコンディションによって強弱の波が出ます。よく眠れていなかったり、イライラしていたり、疲れていたりする場合は、特性が強く出てしまうことがあります。

そのため、できるだけ疲れをためず、平常のコンディションを保っていることはとても重要です。障害特性がある人は、いろいろなことに対し頭をフル回転させています。あるいはまた周囲のたくさんの刺激に敏感に反応しながら作業しています。ですから、自覚以上に非常に頭が疲れやすく、午後にはぐったりしてしまう、ということも少なくありません。

そのように疲れる原因は体力がないからだと思いがちですが、実は体の疲労というよりも、頭の疲労であると考えられます。ですから、短時間でもこまめに頭を休ませることがとても重要です。

たとえば昼食後、スマホやパソコンの画面を見て昼休みをつぶさずに、10~30分程度、目を閉じて昼寝をすることが午後を乗り切ることに役立ちます。「ナップ」とは昼寝のことで、「パワーナップ」とはエネルギーをチャージするための短いお昼寝、という意味です。

昼寝といっても短時間ですから、完全に眠りに落ちるまでには至りません。それでも、目を閉じてできるだけ光や音などの外界の刺激を遮断すると、頭を休ませる効果がありまず。アイマスクや耳栓、枕やブランケットなどを利用して、短時間でも有効な疲労回復ができるような工夫をしましょう。

自分のデスクだけでなく、車通勤の人は自分の車の中や、人気の少ないフロアのベンチなど、職場から少し離れて人の目を避けられるような静かな場所を見つけておくのも一つの方法です。

業務中も適度な休憩をとる

既述のように頭を休ませることは自分を助ける方法としてとても重要なのですが、睡眠をとる以外にも、業務の合間に適度な息抜きや頭のクールダウンをするとよいでしょう。たとえば1～2時間に1回程度、自分のデスク周りで簡単なストレッチをしたり、顔を洗ったり、水を飲んだり、アロマをかいだり、好きな写真を数分眺めたり、フロアを一周歩いたり、先にお伝えした「呼吸に意識を注ぐ」などといったことです。

発達障害特性の中には、あちこちに注意が向いて集中できない症状もある一方で、集中しすぎてしまう「過集中」もあります。過集中の状態にあると、周囲の状況を察知することができなくなったり、自分の体の状態に気づけなくなったりすることもあります。自分の体の状態とは、ちょっと疲れたとか、尿意を覚えてお手洗いに行きたいとか、のどが渇いた、などです。

こうした自分の体の状態に気づかないほどの過集中状態が続くと、後から疲れがどっと押し寄せることになります。気づいたときには夕食もほしくないくらい疲れているということもあります。翌日の朝起きることができずに遅刻したり欠勤したりということにもなりかねません。

周囲からは、業務にものすごく集中していたかと思うと翌日は休んでしまうというような、とてもバランスを欠いた勤務態度に見えてしまい、不安定な印象を与えかねません。ですから、先に示した、1~2時間に1回程度のこまめなクールダウンをしてもらいたいのです。ただ、その時間をとることすら思い出せなくなってしまうような場合は、たとえば1時間に1回鳴るようなバイブレーターアラームをポケットに忍ばせておくなどの工夫をするとよいでしょう。

懐疑的・被害的な感情に気づく

心のコンディションが悪くなると、他者に対する怒りの暴発の前駆的な状態として、他者に懐疑的になったり被害的な感情が大きくなったりします。

「あの人がこう言っているのは、自分に対する遠回しの非難なのではないか」「連絡をしたはずなのに聞いていないというのは何らかの悪意があるのだ」「やっぱりみんなは自分をばかにしているのだろう」「自分は誘われないが、みんなはきっと一緒にランチしたり出かけたりしているのだろう」などです。些細なことも他者からの非難やそしり、蔑みや悪意があると受け取ってしまいやすい心のコンディションです。

そもそも不安や緊張があるうえに、こうしたコンディションになると、友好的な態度はとれず、常にピリピリした雰囲気や、とげのある言い方、攻撃的な態度になってしまいます。そして当然相手もそれに反応しますから、大きなトラブルに至らなかったとしても、だんだん周囲から孤立するようになってしまいます。

職場で孤立してしまうと、業務上のやりとりもスムーズにはいかず、さまざまな齟齬やトラブルを生んでいくことになります。実際の齟齬やトラブルがあれば、ますます懐疑心や被害感を生んでいくことにもなって、悪循環となります。

ですから、周囲に対する漠然とした懐疑的・被害的な気持ちがあるのに早めに気づき、信頼できる人に気持ちを聞いてもらったり、しっかり睡眠をとったり、自分にとってリラックスできる時間を自覚的に確保したりすることが必要です。そのようにして自分の心のコンディションを整えるようにしていただきたいと思います。

挨拶上手になる

小学生じゃあるまいし挨拶なんて、と思うかもしれませんが、挨拶は社会生活にとって非常に重要なスキルです。どんな時代でも、また古今東西どんな国でも挨拶という行動様式が存在します。

挨拶とは「あなたに敵意はありません」という証であり、友好関係を作る土台なのです。どんなにおしゃべり上手だろうと、どんなにご機嫌取りができようと、挨拶ができなければ、すべて台無しです。

発達障害特性の中には「相貌失認」といって、「顔や表情の識別ができず、誰であるかわからない」ということがあります。同じ職場であれば、その時その場所にいる人としてだいたいわかるけれども、外で偶然会ったらわからない、ということも生じます。外部の営業マンや業者さん、顧客の顔が覚えられないということもあります。

誰であるか認識できないと、挨拶することにも支障が出ます。周囲からは「挨拶を返してくれない人」とか「自分を無視した」などと誤解されて反感を買ってしまうこともあります。もし「顔を覚えるのが苦手」ならば、仕草や服装、特徴的な身体のパーツで覚えておくのも一つの方法です。また、職場で会う人であれば誰でもとりあえず上手に挨拶してしまう、と割り切ってしまうのもよい方法だと思います。

既述のように、挨拶とは「あなたは敵ではありません、友好関係を持つ気持ちがあります」という人としての社会的行動ですから、さわやかに挨拶して悪いことはないのです。朝、ドアを開けて入ってきた人に対して、また、すでに出勤している人全体に向けて、あるいはデスクにいる人の横を通るときになど、朝という「今日初めて会う」状況を利用して、上手な挨拶をしておくと、印象はワントーンアップします。

上手な挨拶にはいくつかポイントがあります。一つは顔を上げて、少しだけ胸を張ること。床を見て「おはようございます」といっても声は届きませんし、さわやかではありません。

それから、少しだけ口角を上げて笑顔であること。不愛想で不機嫌な顔をして挨拶されても愉快な気持ちにはなりません。

また、大声ではなくてもきちんと届く声を出すこと。ボソッとつぶやくだけなら、挨拶しないと同然です。

フレックス勤務だったりして朝一番に会うことがない場合などは、笑顔で会釈するというように簡略化することもできます。


それからもう一つ大事なポイントは、たとえ前日に会議で侃々諤々の議論になったとか、同僚と意見がぶつかった、上司に叱責されたなどといったことがあったとしても、翌朝の挨拶はいつも通りにさわやかにすることです。

なぜなら、本来はその人をおとしめたいとか傷つけたいなどの意図をもって戦う相手ではないからです。職場でどんなにぶつかったとしても、本来はその人の人格や存在を否定しているわけではないはずです。そうした業務上の意見の対立とはきちんと切り分けて、

「あなたの敵ではありませんよ、あなたを全否定していませんよ」という意思表示である「挨拶」ができるということが大事なのです。

これができる人は、社会的な洗練度が高いと一目置かれることにもなります。挨拶の技術をぜひ獲得してもらいたいと思います。

第5章
判断への不安を軽くするために

ここでは、職場において「判断する」際の不安や恐怖心が軽減されるための工夫や、うまくサポートを得ることのポイントをお話ししたいと思います。

レーティング表を作ってみる

第3章において、判断することに大きく影響があると考えられる4つの特徴を説明しました。その中の一つ「『だいたいこれくらい』がよくわからない（程度の把握が苦手）」に関して、助けになる一案がレーティングという方法です。

レーティングとは、ある物事の基準になるような等級分けや数値化をすることです。基準が明確でなくて曖昧な物事に対しての程度の把握が苦手なので、曖昧なものを等級分けして程度をつかみやすくするという工夫です。

この「だいたいこれくらい」をつかむのが苦手という特性は、かなり多岐にわたって影響しています。たとえば、今、自分が「少し休憩したほうがいい疲労具合だな」という把握もそうですし、1か月以上も業務の進捗がなくイライラしているのを「困っている」と認識していないこともあります。また、作業工程や作業内容の計画を壮大にしてしまうことなども「いろいろな状況を加味してだいたいこれくらいの労力が妥当だな」ということがつかめないため、その作業だけのことを考えた理想的な計画となってしまうのだと思います。

表層的に見ると、「完璧主義」とか「細かい」などといわれるのですが、実はそうではなくて、本質的には「曖昧なものの把握の苦手さ」に由来するものではないかと私は考えています。

曖昧なものを、程度分けして視覚化するとは、たとえば次ページの図のような具合です。今着手する作業は、どれくらい（低・中・高）の程度にしようかな、と表を見ながら自分のモードをまずチューニングして、頭をレーティング通りにセットすることから始めるようにします。

チューニングとセットをしないで始めると、倒れるまでとことんやり続けたり、微に入り細に入りの作業をしたり、どんなに困っていても相談しなかったりしてしまいます。レーティングは図表にして、いつでも見て確認できるようにしておきます。

疲れのレーティング例

＊これはあくまでも例ですので、自分の生活と行動に当てはめて作成し、
生活の中で疲れの状態に気づけるようにしましょう。

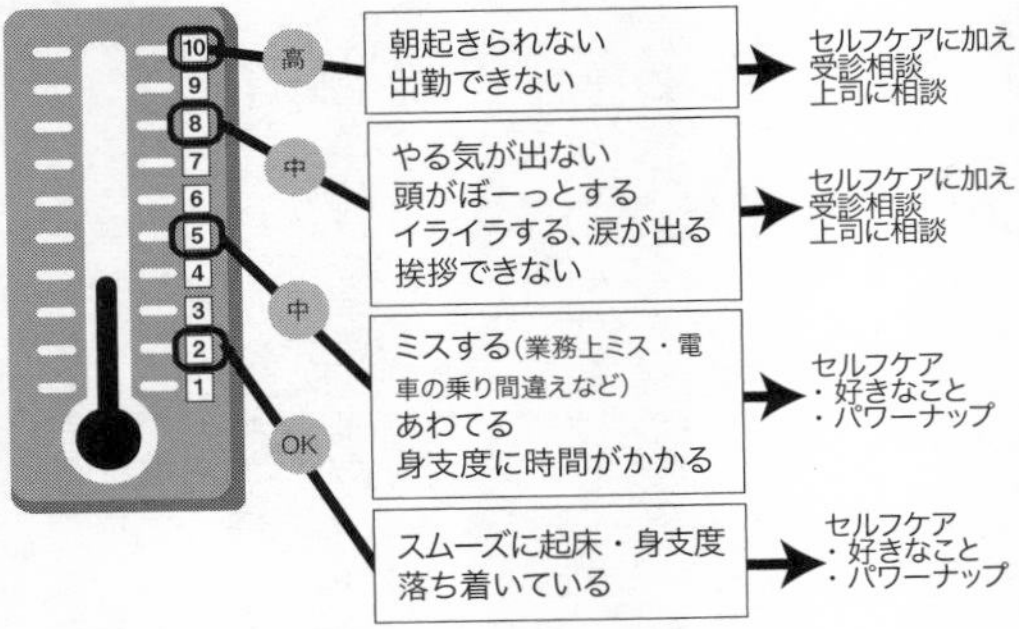

困り度による相談のレーティング例

これはあくまでも例ですので、自分の業務と役割に当てはめて作成し
職場などの中で困る状態に気づけるようにしましょう。

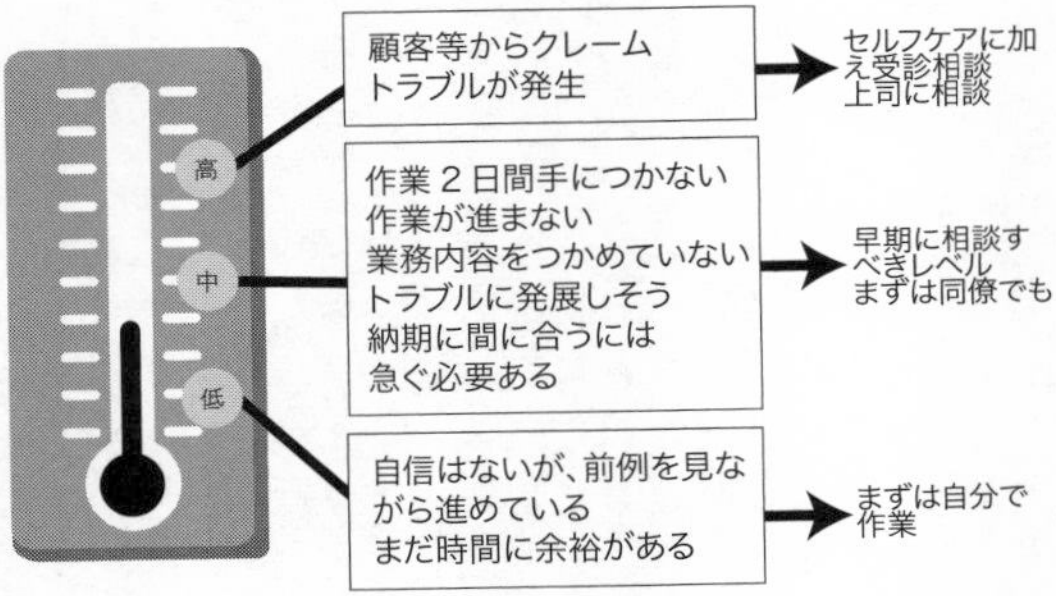

業務の精度のレーティング例

＊これはあくまでも例ですので、自分の業務と役割を鑑みて、
どこに合わせて作業すればよいかチューニングしましょう。

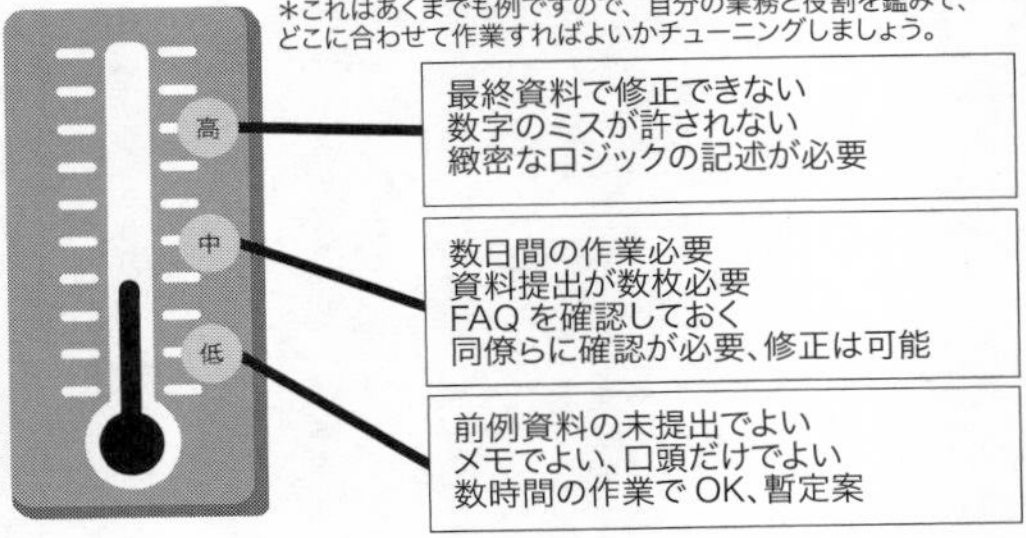

日報を書く

「あれもこれもごちゃごちゃ」になりやすい（要点の把握や統合が苦手、注意があちこちに向きやすいなどの）特性がある場合には、一日にあったことについて頭の中をトレースするような意味で日報を書くことをお勧めすることがあります。

時系列に、今日作業したこと、それに要した時間を書き出してみます。すると、今日一日何をしたのか、何をしていないのか、何にどれくらい時間をかけたのか、あらためて俯瞰することができます。

一日の自分の言動が客観視できると、言動の軌道修正が図りやすくなりますし、明日の一日の業務のイメージが持ちやすくなります。

また、「なんとなく雑然といろいろなことをやった」というごちゃごちゃした感覚が整理されるので、達成感や心理的な安心感、自己肯定感にもつながることがあります。

日報の最後には、気がついたことや気をつけたいこと、明日必ず終わらせたいことなどをメモするのもよいでしょう。ただし、日報を書くことに没頭するあまり、それに時間を費やしすぎて目的を見失わないよう注意しなければなりません。10～20分程度で書き終えるようにするとよいと思います。

片付けの時間を定期的に確保する

日報を書いて頭をトレースするのは、頭のごちゃごちゃを整理するのに役立つ方法ですが、物理的なモノのごちゃごちゃに対しては、定期的に片付けの時間を持つことが役立つかもしれません。

モノのごちゃごちゃがある程度整理されていると、頭の中のごちゃごちゃも整理されて思考しやすくなります。特に職場では、デスクの上や下、周りにまで書類がうず高く積まれてしまうというようなこともありますから、そうならないように定期的な整理の時間を持ちましょう。

ただし既述のように、あれもこれも「捨てられない」「分類できない」という状態に陥ることもありますので、可能であれば、手伝ってくれる人を確保し、捨てるもの、捨てないものの分類を助言してもらうのも一つの方法です。

中身が何かわからないような形でファイリングしたり段ボールに入れたりすると、もはや開かずの扉になってしまいます。収納するときには、中身のタイトルが見えるようにしたり、外側にタイトルをつけておいたり、平置きのトレイに入れるなどの必要があります。

大掃除するのは甚大な労力が必要ですから、つい後回しにしたくなってしまいますが、誰かに手伝ってもらう大掃除は計画的に年数回行い、日常的には、毎週月曜日は朝30分早く出勤して片付けに充てるなどのようにルーチン化してしまうのもよいでしょう。

誰かに手伝ってもらうのも、全面的に作業を一緒にやってもらうことがなかなか難しければ、たとえば「捨てるものボックス」を作り、自分で「これは捨ててもいいかな」と思うものを入れておき、その「捨てるものボックス」だけ誰かにチェックしてもらうようにお願いするという方法もあります。

集中できる場所を確保する

周囲の音やせわしなさなどの刺激に反応して注意があちこちに向きやすい人は、集中しやすい環境を整えることが重要です。「あれもこれもごちゃごちゃ」になりやすい人は、注意があちこち向きやすい特徴と連動していることがあると思います。

工夫としては、人通りや物音が少ない場所にデスクを配置する、壁や窓側に向けてデスクを置く、植物やパーテーションを置いて視界をさえぎる、などがあります。このような場所を確保できない場合は、時間や作業内容を限って別室利用の許可を得るというのも一案です。

また、耳栓やイヤーマフを利用する方法もありますが、その場合は来客や電話対応に支障が出ることがあるため、一定の時間帯や集中したい作業時のみバックヤードで利用するなどの許可が必要かと思います。

また、集中している際に不意に声をかけられるなど、業務をさえぎられると頭が混乱してしまったり、頭の中のモードが元の業務に戻るのに時間がかかったりします。業務集中時間（声をかけないでほしい時間）を確保できるとよいと思いますが、その都度「今は、声をかけないでください」と伝えて回るわけにはいかないので、デスク上に「特にお急ぎでない場合は〇時ごろお声掛けお願いします」とか「今、集中時間です」など、クリップに「お知らせメモ」を挟んで立てておくことで、集中時間を確保しやすくできます。あるいは、web上で自分のステイタスを知らせるコメントを出しておくのもよいと思います。

それが不遜な印象を持たれないよう、ちょっとしたイラストを入れて心理的な抵抗感を生じさせないよう工夫するのも一案です。

業務や立場・役割によって、頻繁に業務がさえぎられてしまうような場合は、一定の時間だけでもこうした集中時間が確保できると、格段に業務の進み具合が違ってくることがあります。

もちろん、これらの方法を職場で実践するのであれば、上司や周囲にきちんと自分の特性について説明し、理解を得ておくことが望ましいでしょう。そうでないと不要な誤解を招き、軋轢の温床となる可能性があります。

話を聞きやすくする

第3章でも触れましたが、作業しながら使う一時的な記憶（ワーキングメモリ）が苦手なことから、聴覚によってうまく情報がインプットできない場合の工夫についてお話しします。

文章化・図式化されたものや、箇条書きのメモなどの視覚情報をもらうこと、視覚化されたものを見ながら簡単にでも説明を受けるとわかりやすいということは、すでにお話ししました。一対一の場面であれば、「すみません、ちょっと待ってください」と言ってメモを取る時間を確保することもできますが、もし途中で口をはさむのが憚られるようであれば、いったん話が終わった後にメモを取って、その場でそのメモの内容を確認するのも一つの方法です。

メモというと手書きのイメージがありますが、職場によってパソコンやスマホを持ち歩けるようであれば、人によって入力作業のほうがメモをとりやすいことも多いようです。議事録をまとめなければならないなど、ある程度正確さが必要な場合は、いったん録音しておくのもよいでしょう。

また、ざわついた場所や、電話が鳴ったら取らなくてはならないような状況ですと、さらに相手の話が聞き取りにくくなってしまうので、重要な話をする場合は、あらかじめ時間をとってもらって、できるだけ静かな場所を確保して話せるとよいでしょう。

なお、電話を取る業務は、聴覚情報によるインプットが苦手な人にとってはかなり困難があります。まず自分が出るべき電話が鳴っているのに気づけなかったり、電話に出遅れてしまうこともありますし、電話に出ても聞き洩らしなどが生じる危険もあります。電話を取る場合は、ある時間帯に制限するとか、重要な電話担当は外してメール担当にするなど、業務のアサインの工夫を検討してもらいましょう。

イヤホンやイヤーマフは、休憩中の使用はもちろんのこと、業務時間中の一定時間だけでも許可されると、適宜聴覚からの刺激を防いで脳を休ませることができ、業務パフォーマンスが向上することがありますので、一定時間の使用許可を求めるなども検討してみてください。

上司に定期的な面談を依頼する

上司に自分との定期的な面談をあらかじめ設定してもらいます。

「報告・連絡・相談」などの必要性が生じてからコンタクトを試みるのではなく、あらかじめ定期的にコンタクトの機会を得るようにしておくわけです。そうすれば、状況を見計らったり、上司のタイミングを慮ったり、「これは言うべきか、まだ言わなくてもいいか？」などと、困り度合いについて考える必要はなくなります。

さらに大事なのは、些細なことも確認できるチャンスになるため、こまめに安心感を得られます。「報告・連絡・相談」をわざわざ申し入れるまでの明確な問題があるわけではないけれども、「これでいいのだろうか？」といつも不安な気持ちでやっていることに対して小さな保証が得られることは、大きな安心につながるわけです。

また、既述のように口頭指示が聞き取りにくい特性がある場合は、メモできる工夫をしたり、できるだけ静かな場所で面談できるとよいと思います。

ですから、上司面談は「上司とマンツーマンで」「定期的」「短時間」「こまめに」「静かな場所」「継続する」「メモする（メモをもらう）」がポイントです。

たとえば、「毎週水曜日、朝礼前の15分間、隣の小会議室で」などと決めておきます。

この面談では、大きな相談事や報告というよりは、「前回の面談から今日までにあったこと」や、「今やっている業務の進捗や具体的なやり方」について自分が抱えている業務の全体にわたり伝えるようにします。

できるだけ全容を伝えることで、自分では気がついていない問題を早期に発見してもらうことになります。その際、日報を共有していると、話しやすく、相手にとってもわかりやすいでしょう。

もちろん、作業がうまく進んでいないとか、進め方に不安があるなどということがあれば、この場で伝えてください。あらかじめ決めた時間内で話が収まらない場合は、別途時間を持ってもらうよう約束して、定期的なマンツーマン面談の約束は崩れないようにするのが大事です。

面談の枠組みが乱れて、なんとなく定期的な面談が消えてしまったということがないよう、相手に負担のないルーチンにしてしまうことがコツです。

時間管理の工夫をする

少し手をつけるだけのつもりの作業に長時間没頭してしまったり、ちょっと立ち話のつもりが延々と話し込んでしまったり、いったん集中したらトイレにも立たず何時間も費やしたり、朝出かけるまでの時間がうまく調節できなかったりなど、自分の行動と所要時間のバランスをうまくとることが苦手なことがあります。

体感としてどれくらい時間が経過しているのかをキャッチすることが難しく、一度時計を確認すると、その時間の記憶が残ってしまっていつまでもその時間のままの感覚だったり、所要時間の予測という「見えないもの」を把握するのが苦手だったり、自分のペースを変えて急いで行動することがとても苦痛、というようなこともあります。

しかし、仕事をするうえでは、時間の感覚はとても大事です。それがあまりにうまくいかないと、約束の時間にたどり着けない、納期を守れない、無駄なことに時間を費やしてしまう、長時間労働となる、などさまざまな問題が生じてくる危険があります。

たとえば、作業時間については、「納得のいくところまでやる」のではなく、この業務は「2時間使う」というようにあらかじめ時間枠を決めてしまうことも一案です。2時間たったところでアラームが鳴るようにしておきます。

ただし、行動の転換が苦手でこだわりがあると、アラームが鳴っても止められないことがあります。「アラームが鳴ったら、トイレに行く」など次の行動をあらかじめ決めておき、クールダウンして作業状況を俯瞰してみると、時間の配分の助けになると思います。

また、立ち話や雑談は、職場の場合には「長くても10分」などと決めておくことで、切り上げやすくなります。ちなみに、切り上げの対応は、話の途中で「もう時間ですから」などと言うと相手に嫌な印象を与えかねませんので、「そろそろ戻りますね。ありがとう」などとさりげなく感謝の気持ちを伝えるとよいでしょう。

なぜここで「ありがとう」なのだろうか?と疑問に思うかもしれませんが、この場合の「ありがとう」は、自分に付き合ってくれてありがとう、とか、有益な情報をありがとう、時間を使ってくれてありがとう、などが包括されています。ありがとうの理由を言葉にする必要はありませんが、去り際にさりげなく伝える「ありがとう」の言葉のギフトは、人間関係を明るくしてくれます。

業務の照準合わせをする

いくら一生懸命努力して作業したことでも、その作業を必要としている人が期待する内容とあまりに異なっていると、その作業は無駄になってしまいます。同時に、自分への信頼や評価を下げることにもなりかねません。

「期待する結果」という言い方をすると、「周囲の勝手な期待に迎合したくない」とか、「上司や客の期待のほうが間違っている」「自分のやり方のほうが正しい」などと考えてしまうかもしれません。しかし、別の言葉で言い換えれば、その作業の「内容」「精度（どれくらいの作業ボリューム、作業工程か）」「速度（いつまでに仕上げるか）」が妥当かどうか、ということです。

もちろん、よい意味で相手の期待を裏切って、びっくりするほどよい内容にするなどということもあるでしょう。しかし基本的には、まずこの3つが妥当かどうかを検証し、照準を合わせることを目指します。

業務を依頼されたとき、その作業についてこの3点、「内容」「精度」「速度」について、自分の認識と相手の認識が合致しているかどうかを確認することを心がけましょう。指示や会議のすぐあとなど、できるだけアサインされてから時間が経過しないうちに照準を合わせておくのが大事だと思います。

特に、「内容」については、どのような脈絡でその作業が必要なのか、自分の作業がどのように活用されるかを把握することによって、作業の全体がイメージしやすくなります。狭い部分的な視点で「何をすればいいか」だけを確認するのでなく前後の脈絡を確認することによって全体像を把握することが重要です。また、「精度」や「速度」も照準を合わせておく必要があります。作業すべき「内容」は間違っていなくても、どれくらいの時間や工数をかけ、どれくらいのボリュームのものを出すのが適切なのかというのは、とらえ方によってかなり差異が出てくるものです。

上司はA４一枚くらいにまとめてくれればいいとか、既存の資料で事足りるから数時間後には提出されるだろうと思っているのに、本人はあらゆる下調べをしてすべてを網羅したものを提出しなければならないと思っていたとしたら、作業工程も、作業ボリュームも、納期も上司のイメージとは随分異なってしまうでしょう。

コミュニケーションの工夫

すでにお話しした通り、適切な判断をするためには、まず、正確に情報を入力（インプット）しなければなりません。そのためには、自分が理解しやすい情報の入れ方を工夫する必要があります。

第2章でも説明しましたが、口頭だけの指示よりは、視覚化されている情報を合わせてインプットすると、業務のイメージが作りやすくなります。視覚化されたものをもとに、口頭で確認できるとよいでしょう。

137ページでお話ししたように上司との定期的なミーティングも利用して、こまめに軌道修正できるとよいと思います。「わざわざ確認しなくても大丈夫かな」「今、言わなくてもいいかな」と思わずに、できるだけ早いうちにひとこと確認しておくように心がけると、大きな齟齬が生じないで済みます。

また、コミュニケーションツールとして、「メール」は視覚化できるのでわかりやすく、有益な手段ではあります。しかし、すべてがメールだけになってしまうと、感情的な齟齬が生じることがあります。

当たり前のことですが、コミュニケーションは相互の関係なのです。相手の考えをこちらが受け取るだけでなく、こちらの考えも相手に発信することになります。メールは視覚的な情報が排除されて書いてある「文字だけ」のコミュニケーションなので、直接対面で相手に与えられる印象を文字に変えて伝えなければなりません。あまりにも要件のみ、とか、無味乾燥な文面だけだと、相手にまるで失礼な態度をとっているかのような印象を与えてしまいます。

ですから、「お忙しいところ申し訳ありません」とか「○○について教えていただけると助かります」「○○していただいてありがとうございます」など、相手を尊重したり感謝したりする一文を入れることも必要です。

時には、ほんの少しだけプライベートな話題を入れたり相手の健康を気遣ったりなど、要件とは直接関係ないことを付け加えることによって、メールであっても温度感のあるコミュニケーションとなることもあります。

さらに、昨今はテレワークの浸透によってメールだけでなくウェブ会議なども含めたオンラインでのコミュニケーションも増えてきています。テレワークでは、同僚や上司と直接顔を合わせる煩わしさはぐっと減る可能性があります。

ちょっとした声掛けなどはチャット機能などで補うとしても、やはり意図をもって発信しない限りはコミュニケーションが成立しません。場が一緒だからこそできる、さりげないコミュニケーションの機会によって情報収集できたり、お互いの動向に気づいたりすることができにくくなることもあるでしょう。それによって、軌道修正が遅れたり、思いがけない齟齬が生じることもあるので、注意が必要です。

残業時間に注意する

発達障害特性によって、最終的に生じる現象としては「残業が増大する」という結果になることがあります。

・没頭していることに「キリ」をつけて、いったん終わらせることが苦手
・「だいたいこれくらいが適切」という勘案が苦手で、つい壮大な計画を立て、作業ボリュームが多くなってしまう
・あれこれ作業の枝葉を広げてしまってやることを増やしてしまう
・一つのことを掘り下げて没頭してしまう
・周囲の動きに気を取られてなかなか集中できない

などによって、作業時間が増えてしまうのです。そのため、連日遅くまで残業することになり、残業時間が突出して膨大になっているなどということもあります。

慢性的な残業時間の増大は、当然、疲労の蓄積につながる危険があります。しかし、一方で、労働時間は長くなってしまうものの、自分のやり方、自分のペースで業務を進めていくことで、なんとかバランスを保っているという面もあります。しかし、労働時間が厳しく管理されることによって、自分のペースで作業できなくなり、バランスが取りにくくなっていることもあるようです。昨今は、残業規制が厳しかったり、ノー残業デーがあったりして、自分のペースで仕事を進められないのがつらいという訴えを聞くこともあります。自分のペースを阻まれているように感じて、労働時間を管理する上司と衝突してしまうこともあります。

もちろん、残業を放置して疲れを感知できないと、気づいたときには出勤できなくなるほど疲労が蓄積してしまうこともあります。このように、発達障害特性のある人の労働時間の管理は諸刃の剣となるため、非常に難しいといえます。

ですから、「没頭しすぎて気づいたときには疲労困憊」ということと、「自分のペースでやりたい、やらせてくれれば作業が終わるし、ストレスもない」の間のバランスをうまくとらなければならないわけです。

なんとなく気がついたら夜中……。こだわりを優先していたら夜中……。ということを避けなければなりませんが、残業時間をあらかじめ計画しておいても、やり始めると没頭して忘れてしまうこともありますので、アラームを設定しておくとか、周囲に声をかけてもらうとか、上司と退社時間を明確に決めておくとか、1時間ごとに「疲れはどうか？」「食事はとったか？」などと自分をチェックしてください。

「自分には、没頭して切り上げられないクセがあるから気をつけよう」などと自己理解していたり、疲れのサインをレーティング表に落とし込んで理解しておくと、疲労困憊するまで自分の状態に気づかずに没頭して長時間の労働をしてしまうことを防げるのではないかと思います。

第6章
自分について説明する

仕事は、何らかの形で自分という資源を使って、誰かの役に立ったり、何かを生み出したりして、その対価をもらう行為です。

自分自身を使って役立ったり、生み出したりするわけですから、自分にとって理にかなわない方法や明らかにフィットしない方法であまりにも自分にとって無理をかけて物事を進めようと思っても非効率であり、疲労やトラブルの元となるだけです。

従来は、一定の常識的・標準的なやり方があって、それにならってできることが求められましたが、これからの生産活動は、自分自身をよく理解し、自分がもっともパフォーマンスを出せる「自分仕様の進め方」を自分自身が使いこなせることが重要なのではないか、そういう社会になる必要があるのではないか、と思います。他者と同じやり方や、他者にならったやり方でうまくやろうと思うと、自分がうまく機能せず、十分なパフォーマンスが出せないと同時に、自分を追い詰めてしまうことになるかもしれません。

もし「自分仕様」の方法で進めるのであれば、その方法は、人任せではなく自分自身が一番よく知っていて、その仕様を説明できる必要があります。もちろん、それは「自分がやりたいことだけやる」とか、「自分のやり方を押し通す」ことではありません。自分を有効活用するために、「自分はこのような道筋をたどって進めていくと、結果的にうまくゴールにたどり着けます」という自分のゴールまでの道筋を他者に理解してもらうことです。

説明せずに、理解を得られないまま独自の道を歩こうとすると、周囲から誤解されたり孤立したりすることもあるかもしれません。しかし、説明が適切にできると、いたずらに非難されることはなくなりますし、必要な協力を得られやすく、結果を出せば認められていくことにもなるでしょう。もっと言えば、そうやってそれぞれが自分の得意なやり方で物事を追求することで常識を超えた結果を生む可能性だってあるのではないかと思います。

では、ある架空事例を紹介したのちに、その要点をまとめてみましょう。

Aさんの事例

Aさんはうつ病という診断を受けて5年以上になり、2週間に1回程度通院しています。過去には2回ほど数か月間の休職をしたこともあります。

今は何とか出勤しているものの、疲労感が高じると、週に半日から1日程度の休みを断続的にとるという状況が続いていました。

不調になった当初は、業務量が増えてデスクワークがたまっていったことによるプレッシャーが原因だと考えていました。しかし業務量を減らす配慮をされても状態は変わりませんでした。

あるとき主治医から「これまでの薬による治療の他に、自分では気づいていない職場でのストレスがあるかもしれないのでカウンセリングを受けてみないか」と勧められ、カウンセラーによるカウンセリングを受けることにしました。

カウンセラーからは、業務の状況や職場の環境はもちろんのこと、それだけでなく子供のころの友人関係や学校生活、職業生活など、半ば忘れかけていたようなことも含めさまざまな観点から尋ねられました。こうして次第に、Aさんが子供のころから経験してきたうまくいかない状況と業務との共通点がわかってきました。

Aさんの業務は、5年前までは事務エリアのバックヤードでデスクワークだけをしていました。ところが、5年前から接客をするフロアに移り、客の流れを見ながらデスクワークをしなければならなくなりました。接客はメイン業務ではないものの、来客の動向を見て簡単な対応をする必要があります。そのころからデスクワークが著しく滞り、残業時間が増大するようになったのです。

デスクワークだけを行っていたころは、静かな環境で比較的マイペースに仕事を進めることができましたが、せわしなく往来する来客の状況を見ながら作業を行うことが求められるようになると、いつも頭の中がざわつき、デスクに向かってもなかなか集中できず、いつも気持ちが焦って空回りするようになりました。

そのような状態で仕事を続けていくうちに、同僚やお客様から何かを尋ねられても、うまく答えられず頭が真っ白になってしまうようになりました。頭がうまく回らなくなると、デスクワークもさらに滞るようになりました。次第に、自分には判断能力がないのだ、と自信がなくなり、ますます仕事がつらくなっていきました。同時に疲労感も甚大となり、いつも重い身体を引きずっているような状態となりました。

Aさんは子供時代から落ち着きがなくじっとすわっているのが苦手だったり、忘れ物が多かったり、急に道路に飛び出して何度も事故に遭うことなどがありました。成長とともに落ち着いてきたかのように見えましたが、就職してからも周囲の状況によって気持ちがせいて落ち着かず、周囲から「あわてるな」と注意されることがたびたびありました。

常に周囲の物音や人の流れなどの刺激に反応しやすく、注意が寸断されて作業に集中することが難しい一方で、いったん集中すると周りが見えなくなって、声をかけられても気づかず、トイレに行くのも忘れてしまうこともあるほどでした。

周囲の刺激に反応しやすく注意があちこちに向いてしまう特徴と、いったん集中すると周囲の状況や自分の体の状態をキャッチできなくなるという特徴について、Aさんとカウンセラーは「刺激に反応しやすく、周囲からの情報の取捨選択や注意集中の配分が苦手である」と理解しました。それによって混乱しやすく、混乱するとますます落ち着いて思考できず、作業が空回りしたり、言動が雑になったり、イライラして他者に対しても物言いがきつくなってしまっていたことに気がつきました。

Aさんはこのような自分自身について気づいたことを主治医に伝え、テストがいくつか実施され、主治医による問診もあらためて行われました。その結果、Aさんのうつ病の背景には発達障害特性があるという見解が示されました。そこでAさんとカウンセラーは、Aさんの発達障害特性を踏まえて上司とも仕事のやり方について相談することにしました。

Aさんは上司に面談を申し入れ、主治医とカウンセラーからの情報提供書も示しつつ、

「自分の極度の疲労の背景には、発達障害特性が関係しています。職場で、周囲の音や人の動きなどの情報に敏感で反応しやすく、自分にとって必要な情報を頭の中で整理するのに時間がかかります。ですから、来客や人通りの多いフロアでは、さまざまな音やせわしなさによって注意が散漫になってしまい、手元に集中するためにはものすごくエネルギーを要してしまっているようです」

と説明しました。

そして、集中の切り替えをしやすい環境であれば、もっとデスクワークが進んだり、接客もできる可能性があることも伝え、上司と職場の工夫点を話し合いました。

その結果、人が往来する最もせわしない場所からデスクを遠ざけ、半透明のパーテーションを設けることにしました。また、デスクワークに集中する曜日と時間を決めること、来客対応が必要なときはデスク下で点灯する赤色ランプをつけることなどの工夫がなされることになりました。

また、上司はこのようなAさんへの対応について、Aさんの同僚たちを集めて直接説明の機会を設けました。Aさんと上司から直接説明を聞いた同僚たちは快く理解を示してくれ、また、赤色ランプはAさんのためだけでなく、全フロアにも適用することになり、これはAさん以外のスタッフにとっても有意義な工夫となりました。

要点1　自分を適切に知ることの意義

Aさんはうつ病という診断で長期間通院していましたが、カウンセリングで話し合うなかで、うつ病の背景には発達障害特性傾向が関係していることを知りました。

何といっても、自分を知ることなくして話を進めることはできません。Aさんの事例からもわかるように、職場でのストレスを表層的にとらえて、それが唯一の原因と思い込んでいると、自分が楽になるために必要な理解になかなか至れません。

Aさんも、最初は単に業務量が多くなったために不調に陥ったと理解していました。しかし、デスクワークが滞ったのは、デスクの場所が変わってせわしない環境に身を置いたことで障害特性が顕在化したことによる影響が大きかったものと考えられました。

Aさんは来客フロアの様子に気を配ることと、手元の作業に集中することの意識をうまく切り替えたり配分したりすることができず、周囲の刺激に反応していつも混乱している状態が続きました。この混乱状態が、極度の疲労に直結したのだと考えられます。いつも頭がせわしなく混乱しているような状態では、物事を落ち着いて順序立てて考えることができなくなりますし、疲労が高じてうつ状態となると、ますます思考力の低下を引き起こし、うまく判断できなくなってしまうのです。

Aさんは、「自分は判断力がなく仕事がこなせない」と自己否定感が増大し、何か尋ねられることに不安と緊張、恐怖を感じるようになっていきました。こうした不安や緊張がますます思考力を奪い、思うように仕事がこなせなくなると、さらに悪循環に陥っていきます。その悪循環のサイクルが長くなればなるほど、最初の出発点の問題が何であるのかが、わかりにくくなってしまうのです。

うつ病発症の原因には極度の疲労がある↓極度の疲労の背景には常に頭の混乱状態がある↓頭の混乱状態を引き起こしているのは注意の転動と集中の困難さという特性である↓異動後の職場環境や業務内容がその特性を顕在化させている。

……とAさんは理解したわけです。

つまり、「自分を適切に知る」こととは、単に「発達障害である」とか「うつ状態がある」というような診断名をつけて終わりなのではなく、自分に何が起こっていて、どんな状態を引き起こしているのかを「ストーリー」として理解することなのです。

要点2　説明のキーワードをつかまえる

Aさんは、主治医の助言やカウンセラーとの対話を通して、前述のように自分を理解しました。しかし、職場で上司や同僚に自分を説明するときには、主治医やカウンセラーと話すようにたくさんの言葉や時間を使って説明することはできません。

しかも、上司や同僚は医療専門家ではありませんから、医療的な知識がない前提で理解してもらわなければなりません。そのためには、誰にとってもわかりやすい一つの「自分を説明するためのキーワード」または「キーセンテンス」をつかまえることがとても有効です。

それは職場の人のためだけでなく、実は自分が自分を理解するためにも大いに役立ちます。なぜなら、発達障害特性は人それぞれ、またその環境、その時々で顕在化の仕方や問題としての生じ方が異なるため、一般的な知識でしかとらえられていなかったり、とらえ方が漠然としていたりすると、必ず「わかったつもりだったが、やっぱりわからない」という状態になってしまうからです。だからこそ、「キーセンテンス」という輪郭がはっきりした形で自分自身をつかまえていることが大事なのです。

大事なことは、「発達障害」を理解することではなく、「自分自身」を理解することです。

ですから、自分にとって重要な障害特性を、一つのキーワード、キーセンテンスに自分の言葉で落としこんで理解していれば、いつもそこを出発点として改善や工夫の方法を考えることができます。

Aさんの場合も、「刺激に反応しやすく、周囲からの情報の取捨選択や注意集中の配分が苦手であるため、刺激にさらされると混乱してイライラしたり、ひどく疲れてしまう」というキーセンテンスをカウンセラーとしっかり共有することができました。おそらくAさんは、他にも特性があると思います。しかし、それらを並べ立てることが大事なのではなく、現在の職場におけるAさんにおいて、業務上で最も障壁となる特性にフォーカスすることが大事なのです。

そして、それを土台にして自分を理解すると、顕在化しているさまざまな問題がバラバラに存在しているのではなく、すべて同じ土台が関係しているのだということがわかるはずです。

「疲れやすい」「仕事が遅い」「パッと判断できない」「残業が多い」、「他者にイライラをぶつけてしまう」などは、一見バラバラな現象のように見えます。しかしAさんが「疲れやすい」こと、「業務が滞ってしまう」こと、「判断が怖くてできない」こと、「残業が増大してしまう」こと、「攻撃的な対人関係になってしまう」ことは、すべて同じ土台「刺激に反応しやすく、周囲からの情報の取捨選択や注意集中の配分が苦手である」から出発し、客の動きとデスクワークが混在するフロアでのせわしなさで頭が混乱する→頭が混乱した状態では効率よくデスクワークができない、イライラして攻撃的になりやすい→極度かつ慢性的な疲労を引き起こす→うつ状態となる→うつ状態と不安緊張により本来できる判断もできなくなるというように、障害特性と環境、状況、体調を関連づけて理解できることが重要なのです。

要点３　主治医と自己理解を共有する

一般的に、主治医による診察時間は短時間に限られています。主治医は、現在の症状や、もっともつらい生活状況について聞き取り、適切な処方を決定するという行為だけで、多くの場合タイムアップになってしまいます。

とはいえ、最初の問診や質問票、長い経過の診察、時には職場の上司や産業医などからの情報により、もしかしたら、うつ病の温床となっている本人の認知や行動に発達障害の特性傾向があるのかもしれないと気づいていることもあります。

しかし、それを確信的に本人と話し合うには、まとまった情報が不十分なこともありますし、また、本人がそれなりのバランスで職業生活を継続できているのであれば、あえて一石を投じることをしない、という考え方を取る場合もあります。

そのため、「特に発達障害特性傾向があるというようないわゆるグレーゾーンの」人に対して、それを言及することに主治医は慎重にならざるを得ません。ですから、まずは前面に出ているうつ症状への対応を主眼とする、というスタンスは決して誤りではありません。

しかし、Aさんのようにカウンセリングの機会を得て十分に情報を得られたり、場合によっては特性傾向を裏づけるテストも実施されたりして、自己理解のストーリーが成り立った場合には、要点2で挙げたようなキーワードやキーセンテンスをつかまえたうえで、それを主治医としっかり共有し、自分の特性について共有理解できることが望ましいといえます。

Aさんの場合、「刺激に反応しやすく、情報の取捨選択や注意集中の配分が苦手である」というキーセンテンスは、専門用語としては「注意の転動性」「衝動性」「過集中」などと表現されると思われます。さらにそうした特性によって、思考の混乱や焦燥を招き、周囲との関係を悪化させ、ストレスが膨らんでいったと理解されます。

主治医は専門的な観点からそれらのキーセンテンスを把握し、場合によっては、こうした見立てを新たな処方内容に生かしたり、職場の配慮への意見を産業医などに伝えることもあります。

いずれにせよ、主治医と足並みをそろえておくことはとても重要なことです。主治医の見解も示せれば、職場に対して自分自身の特性を説明する際の信頼性も高くなります。

ただし、一方的に診断書などの文書を渡したり文書を読み上げたりするだけだと、医療的な観点だけが強調されてしまい、職場において必要な相互理解やうまくいくための工夫を考えていこうとする職場の士気を損なってしまう危険もあります。

大事なことは、主治医やカウンセラーの力も借りながら自分がうまく業務を行っていけるよう、職場の上司や同僚と一緒に話し合えるような流れをつくることなのだと思います。

要点4 「できるようになるため」の説明というスタンスをとる

自分について職場で説明するのは何のためでしょうか。要点3からもつながることですが、職場の上司や同僚に自分を説明する際に漠然と「うまくできなくても大目に見てください」と言っているように聞こえてしまうと、職場からの真の理解は得られず、かえって逆風吹き荒れる結果となりかねません。たとえ主治医からの診断書などの文書があっても、診断書の中で職場の業務に即した具体的な表現がなされるわけではありませんし、実際の日々の業務の現場で生かされるような結果にはならないでしょう。

職場で自分を説明する際には、「業務遂行をスムーズにするため」というスタンスと、何をどうしたらよいのかという具体策を伝えることが大事です。

「自分に合ったやり方を認めてもらうこと」「それを理解してもらうこと」によって、結果的に問題を発生させずにゴールに達し、自分の最大限のパフォーマンスが出るということをわかってもらう必要があります。

そもそも、仕事・職場というのは、さまざまな人が集まり、さまざまな能力やキャラクターを発揮して互いを補い、相乗し、新たな価値を生み出していくものです。ですから、自分自身を発揮できるようになるためのアプローチを追求することが必要なはずです。

したがって職場では、「自分自身にあったやり方をすることによって成果を生み出せるようになるために理解してほしい」というスタンスで説明を試みることが必要だと考えます。

ＥＡＰ（２５２ページ参照）などが導入されているなら、ＥＡＰのカウンセラーやソーシャルワーカー、あるいは社内の産業保健スタッフと一緒に説明を試みるほうが、話しやすいし、伝わりやすいかと思います。

ただし、どんなに準備をして、誠意をもって職場との対話に臨んでも、まったく受け入れられないという現実も時にはあります。職場に開示するかどうかは、もちろんご本人の意向が最も大事です。開示せずに、できるだけ自分がやりやすい仕事のやり方を、自分サイドで実現できる方法を主治医やカウンセラーと考えることも選択の一つだと思います。

要点5　自分の利益が全体の利益になる

事例の最後にも書きましたが、Aさんへの配慮内容はAさんだけに作用するものではなく、実は他のスタッフの作業のしやすさや、効率アップにもつながっていける可能性を含んでいると考えます。たとえば「不注意」が目立つ特性があって、顧客が記入する書類を紛失してしまうことがある人への対応に端を発し、書類の電子化、紙書類の置き場や置き方、書類チェックのフローなどを見直した結果、部署全体のパフォーマンスが向上した、というようなこともあります。

発達障害特性がある人がうまくパフォーマンスを出していくための工夫をするとき、その業務の前後左右を丁寧に見直してみると、実は非効率的なやり方や、慣習化している無駄な工程、明確になっていない役割分担など、本当はもっと工夫すべき点が見えてくることがあります。Aさんに実施したつもりが、結果的には他の従業員の業務にとってもメリットを生み出すことになるのであれば、とても素晴らしいことです。

自分のこととして業務の工夫点を話し合うなかで、他の人にももたらせる思わぬメリットが生まれたり、また他の誰かの助けになったりするような、「全体の利益」や「ほかのだれかの助け」というような意味の観点も大事であることを、職場や上司の方が知っておくことは非常に重要です。

第7章
怒りをコントロールする

「怒り」という感情は「不安」という感情と親戚同士のようなものです。本書の冒頭でも書きましたように、生きていくうえでは「判断すること」の連続です。特に職場であれば、責任を伴う判断が常に求められます。

もしも「判断すること」に自信がなくて、いつも不安を感じていたとしたら、その「不安」は次第に「不満」へと変化し、そしてさらに「怒り」へと変化していきます。同僚や上司、職場全体、組織全体、時にはもっと拡大して社会への怒りをも、沸々と醸成していくことになります。

普段は「自信がない」「人から非難されないようにしたい」という「不安」や「警戒」が心を覆っているため、むしろ丁寧で腰を低くして、本音を我慢し、自分を押し殺しているかもしれません。だからこそ、押し殺しているさまざまな気持ちが、何かをきっかけに抑えられなくなって、怒鳴ってしまったり泣きわめいてしまったりというような、「感情の溢れ出し」が起こることもあります。

そういうときに溢れ出す感情は、「不安」「怒り」「恐れ」「孤独感」「悲しみ」などがごちゃまぜになったものなので、自分でもそれをどうすることもできません。それを目撃した人にとってはどう声をかけてよいのかわからない状態に見えますし、それ以降なんとなく敬遠されるきっかけになってしまいます。怒りはエネルギーを膨大に消耗させるのと同時に、他者を遠ざけて孤独を呼ぶことになってしまうのです。

自分の中に怒りの感情がいつも場所を占めるようになってしまっているとき、どんなに頑張っても物事はうまくいきません。もちろん、怒りの感情は悪者ではなく、時には自分を奮起させたり、革新の起爆剤になることもあります。

しかし、そういうときの怒りは、「不安」と結びついた怒りではなく、何かをよりよく変えようとする「希望」に向かう怒りです。「不安」とだけ結びついた怒りを持ち続けることは、何も生まずただただ自分を消耗させていくだけなのです。

ですから、怒りの感情に気がついて、怒りを適切に扱うことが必要です。以下に、そのためのポイントを挙げます。

「怒り」の感情に気づく

怒りが暴発するときを思い起こしてみてください。そういうときは、自分の中のタガが外れて、自分でも自分をコントロールできない状態になっていると思います。怒りがいったん暴れだしてしまうと、自分でもそれを止めたくても止められなくなってしまうのです。

誰かに向けて暴発するときもあるし、モノに当たって叩いたり壊したり大きな声を出してしまうこともあります。特に職場で怒りが暴発してしまうときには、たいてい、その引き金となる直接的な何かがあります。「〇〇さんが自分に非常に失礼な態度をとった」とか「上司が無理難題を押し付けた」などです。だからこそ、その暴発した怒りが正当なものだと主張したくなるし、そのきっかけを作った対象者に怒りが集中してしまいます。

けれども、本当は怒りが暴発しているそのときだけ「怒っている」状態だというわけではないのです。実はもっともっと前から、怒りは体の中にあったはずです。それが行き場を失って止めようもなく溢れそうになっているところに、何かのきっかけが与えられて怒りが暴発します。

気づいておきたいのは、暴発したときの状態ばかりでなく、そのもっと手前にある怒りの感情です。先にも書いたようにそれが「不安」という形から「不満」、そして「怒り」へと変化していくため、「不安」とか「不満」という感情も含めて気づいておく必要があります。

感情というものは、自分の感情なのだから自分で自覚できているはずだと思われがちですが、意外にもそうではありません。「自覚する」とは「自らその状態に明確に気づいている」ことです。「明確に気づく」ためには、「言葉」をもってして自分を客観視できていなければなりません。

暴発してしまってから「何を怒っているの?」と問われて、「そういえば、怒っていたのかな?」と思い当たる程度では、「自覚的に自分の感情に気づいている」とはいえません。多くの場合、その感情の真っただ中にいるときには、なかなか「自らを客観視して明確に気づく」ということが難しいのです。

ましてや、第2章でもお話ししたように、「視覚化できない曖昧な物事をとらえるのが苦手」という特性がある人は、「不安」とか「不満」とか怒りの感情に気づくことが、より難しいといえます。けれども、だからこそ「自分の状態に気づくことが大事」であることを知識として知っておき、「あ、今自分は怒っているんだな」「自分はこれが怖いんだな」と言葉にしてみることがとても大事なのです。

また、感情は視覚化できませんが、自分にとっての怒りについて何らかのバロメータを持っておくことも一つの方法です。

「不安が不満になり、それが怒りに変化する」といいましたが、比較的「不満」はつかまえやすいと思います。「○○さんの仕事のやり方はおかしい」とか「上司はわかってくれない」などと、不満ばかりが気持ちを占めるようになっていたら黄色信号です。それは、ほどなくして「怒り」の暴発につながる危険があるということです。「不満」や「怒り」に気づき「自分は怒っているんだな」「最近不満ばかりになっているぞ、危ないな」「私は○○について気になっている」などと言葉にすることが大事です。

心の根底にあるビリーフに気づく

ビリーフとは信念のことです。「信念」というと、一般的なイメージは「よい意味で持っている確固たる考え」ですが、実はあまりよくないニュアンスもあります。「頑固な思い込み」とか「偏った硬い考え」などです。

人が怒るときは、当人は「怒るだけの正当な理由がある」「こんなことされたら誰だって怒る」と思っているものです。でも、実際は同じ状況であっても、怒る人もいれば怒らない人もいます。

たとえば一生懸命作った資料を上司に提出したら、「こんな資料だったらもうすでにあるよ。これに何か月も時間を費やしたのは無駄だった。ただちに他を調べてほしい」と言われました。

この上司の言葉を聞いてAさんは「せっかく時間をかけて一生懸命調べたのに、無駄だといわれた。上司はひどい」と怒りを感じました。Bさんは「もうすでに同じ資料があったのか、失敗した。でも他を調べてほしいと言ってもらえたのでよかった、早く調べてみよう」と、少々後悔や焦りを感じたものの、すぐに今すべきことに目を向けて、上司に対して怒りは感じませんでした。

同じ状況下であっても、怒りなどのネガティブな感情を惹起しやすく、またその感情に埋没してしまいやすい人とそうでない人がいるのはどうしてでしょう。AさんとBさんの違いは何なのでしょう。その差を生むのが前述のように、「物事のとらえ方、考え方」であり、その考えを作り出すのは心の底のほうにある「ビリーフ」なのです。

Aさんのビリーフは「自分がやった業務を否定されることは、自分を全否定されることである」とか、「業務を否定することは自分をおとしめ、不当なことである」「間違ったことはしてはいけないし、間違ったら恥である」「自分のやったことや主張が通らなければ敗北である」「上司は部下を不当に追い詰め、いじめるものである」「絶対に他者から否定されたりバカにされたくない」などがあるかもしれません。

もちろん、このような考えを言葉にできるほど明確に自覚しているわけではありませんが、心の底のほうにこのようなビリーフが存在していて、考え方や物事のとらえ方に影響を与えていると考えられます。それらのビリーフが刺激されると、「上司は自分をばかにしたに違いない」というような考えが湧き、「怒り」という感情が引きずり出されてしまうわけです。

一方Bさんは「自分の主張が通らなくても自分が全否定されたわけではない」「失敗しても恥ずかしいことではなく次に生かせばよい」「自分より物事を知っている他者から学ぶことは多いはずだ」などというビリーフがあるのかもしれません。ですから後悔したり焦ったりする気持ちはあっても、ことさら上司に怒りの感情が湧いて、怒りに没入してしまうようなことはなかったと考えられます。

人が感じるさまざまな感情は、その人がどう「考えたか」「とらえたか」によります。同じ物事を体験しても、考え方やとらえ方が異なれば、その後生じる感情も違ってきます。そして人によって、「怒り」の感情を生じさせる「考え方」ばかりする人や、「不安」の感情を生じさせる「考え方」ばかりする人など、「考え方」がパターン化されてしまっていることがあります。そのパターン化の根底にあるのが、ビリーフです。

「他者からばかにされないようにしなければならない」とか「否定されないようにしなければならない」などという考えがビリーフとして根付いていると、他者の言動にことさら「ばかにしているに違いない」などと考え、それが、不安や怒りを生じさせることになります。

ビリーフは心の底のほうに存在するといいましたが、それは、一朝一夕につくられるものではなく、自分の生きてきた歴史の中でつくられてきたものです。だからこそ、それは自分にとって疑いようのないごく当たり前の確固とした考えであり、強固に根付いてしまっているものでもあるのです。

ですから、自分の心の底にあるビリーフに気づくことは簡単ではありませんが、しかし大変重要な自己理解の一つともいえます。「ビリーフ」という言い方がピンとこないようであれば、「感情のトリガーになりやすいこと」とか「自分の中の地雷になること」などと言い換えることもできます。

特に、怒りを引きずり出す「考え」のもとになるビリーフは、「自分は〇〇でなければならない」とか「自分はダメだと思われるに違いない」「ダメだと思われてはいけない」など、自分を肯定できないビリーフであると思います。

発達障害特性によるさまざまな生きにくさの中で、怒りや不安を生じさせてしまうような考え方が根付いてしまっていることもあると思います。そういうビリーフを持つことで、何とか自分を支えてきたり、守ってきたり、耐えられてきたりした側面もあるのだと思います。けれども、やはりそれが高じると、他者との無用な軋轢を生んだり、孤立したりして、自分を苦しめていってしまう要因にもなります。

怒りの温床となる不安を低減させる

感情の生成は、既述の通り「ビリーフ」や「考え」が大きく関係しているのですが、「怒り」という感情そのものについてもう少し考えてみます。

「怒り」という感情は、「怒り」として形成されるまでに、「不満」や「不安」としてくすぶっています。あるいはまた、「怒り」は七変化しやすく、「不満」や「不安」として形作られている、ともいえます。

いずれにしても職場において「怒り」として感情が暴発する以前には、長い間「不安」を感じ、その感情に翻弄されていることが多いのではないかと思います。

職場で「判断が怖い」という気持ちになっている人は、こうした不安にいつも身を置き、時にそれが怒りへと発展するわけです。ですから、不安をどうにか減らすことができたら、気持ちが楽になるし、怒りの暴発も防げるはずです。

不安を感じているときの心の声を言語化するとしたら「○○になったらどうしよう」とか「○○と思われたらどうしよう」ではないでしょうか。つまり、不安とは多くの場合、「自分がコントロールできないと思っている状態」です。

つまり、自分がコントロールできないことについて、どうなるかわからないのに、どうすればいいのだろうか、と考えているわけです。コントロールできないこと、どうなるかわからない不確定なことに対して考えるわけですから、「こうしよう」という方針はなかなか立ちません。

ですからいつまでも安定しない心、つまり「不安」の状態となるわけです。茫漠とした

「どうしよう」というところに漂っているうちに「どうしよう」が膨張していきます。不安とは正体が不明確ななかで大きくなっていってしまうのが特徴なのです。

　不安を低減、解消しようと思ったら、まず不安の正体をできるだけ突き止めることです。自分はいったい何が嫌だと思っているのか、何を避けたいのか、何がどうなると困るのかをできるだけ明確にすることが大事です。

　この作業ができると、不安の低減・解消の大半ができたも同然です。なぜなら、嫌なことや困ることが、もし自分自身の行動や働きかけで避けられることであれば、実際に行動したり、相談を始めたりできるからです。もし自分ではどうにもできないことであれば、それは考えても仕方ないと割り切る方向で考えたり、あるいはまた、もしそうなったとして、それで失うものは何か？と逆説的な現実検討をすることもできます。

　つまり、茫漠とした正体不明な「不安」から「問題解決思考」に移ることができるのです。実際に不安にさいなまれない人は、この方法を実に素早く導入できます。不安の中にいるときは、まるでオールを持たずに大海を漂っているようなものですが、「問題解決思考」になると、オールを持ってとりあえず向かうべき方向性が決まるわけです。

これが、周囲から見れば「自信がある」ように見えるのです。

どんなに自信があるように見える人でも、本当は不安があります。しかし、正体不明な不安の正体をできるだけ早くあばき、とりあえずできる行動にいかに早く照準を合わせられるかで、不安に翻弄されるか、不安を前進に代えられるかが違ってくるといえるでしょう。

発達障害特性があって、さまざまなことに違和感を持ちながら生きてきた人は、自分の考えや行動に「人と違ってしまうかもしれない」「自分の言動は適切ではないかもしれない」「なぜか物事がうまくいかなくなってしまう」という不安が常につきまとっているのだと思います。

特に職場にいるときは、そうした不安を常に抱えている苦しみがあるのではないでしょうか。だからこそ、「自分はこういう特性がある」と輪郭がはっきりわかると、不安に対するコントロール感を持つことができ、不安に翻弄されてしまう気持ちがかなり低減します。「自分を知る」ことは「不安」の正体を知ることにもなるからです。

怒りで失うものを知る

不安や不満としてくすぶっていた火種が怒りにまで醸成されると、もうもうと煙を上げて燃える火のようになります。しかし、怒りは火と同様、爆発的・瞬間的なエネルギーの源にもなるけれども、エネルギーを使った後は、炭にもなりやすいのです。

ですから、怒った後に、生き生きと元気になることはありません。大抵はすっかりエネルギーを使い果たして炭のようになるか、少しだけ残った火種をいつまでも「不安」や「不満」としてくすぶり続けることになるでしょう。

もちろん、怒りの火は他者も火傷させて傷つけるわけですから、他者から敬遠され、孤立する大きな要因となってしまうことは間違いありません。自ら火傷したい人などいるはずもないので当然です。いずれにしても、怒りを暴発させることによってよいことは自分にも周囲にもないのです。

特に、いつも不安の中にいる人は、普段は周囲に精いっぱい気を遣っています。誰かに非難されないよう、嫌われないよう、失敗しないように一生懸命頑張っているのですが、時としてその我慢が飽和状態になってしまうこともあります。そうすると、何かのきっかけで怒りの感情が一気に噴き出してしまいます。

しかし、感情の爆発を一度でも他者に向けて起こすと、それまで精いっぱい頑張って人間関係を円滑に保とうとしてきたことが、すべて水の泡になってしまいます。怒りを暴発させることで得られることはない、ということを知っておくことが必要です。

「折り合いをつける」という方法を知る

とはいえ、怒りの感情が爆発しそうになるときもあると思います。そういうときには、まずはその場を離れて、怒りに没入しそうな感情をクールダウンすることが大事です。怒りの発動に対して、自動的な中止をかけるのです。そうすることで、決定的な怒りの暴発を防げます。

どんなに自分の主張が間違っていないと思っても、あるいはどんなに相手の主張が間違っていると確信していたとしても、怒りという形で自己主張したり相手を否定したりすると、相手に受け入れられることはありません。

たとえ直接的に人に向けた怒りではなく、モノを投げたり大声を出したりすることだとしても同じです。怒りが暴発してもよいことはありませんから、その場から離れて冷静になる、考えていることをいったんストップする、といったことが必要です。

では、どうやったら怒りを暴発させずに冷静で建設的な話し合いができるのでしょうか。

曖昧なものを把握するのが苦手だと、決まった規範や明確な決定事項など輪郭がはっきりしたことに対しての志向が強くなります。ですから、白黒思考、二者択一思考になりやすいと言えます。他者と自分の意見が違う場合にも、「自分の意見を採用するか、相手の意見を採用するか、どちらかだ」という明快な選択肢以外ないと考えてしまいます。

しかし職場では、たとえば会議の場などでは、それぞれの経験や立場によって考え方は異なります。異なるからこそ話し合いが行われるわけです。誰か一人の主張を採用するとは限りません。みんなの考え方を持ち寄って、最良の方法を創造していくことが話し合いの目的であるはずです。

これは一対一の話し合いの場合も同じです。お互いの主張に耳を傾けて、よいと考えられるところを採択していったり、自分の考えを変化させていったり、お互いに感化されたり刺激されたりしながら、最良の創造をすることが必要なのです。

それを「折り合いをつける」とか「調整する」とか「インスパイアされる」などといいます。話し合いの本質はそこにあります。相手の主張と自分の主張、どちらかが正解でどちらかが不正解とか、どちらかが勝ちとか負けということではありません。

自分の主張を押し通して周囲から顰蹙を買うか、我慢して自分の主張を完全に引っ込めて不満をため込むかという二者択一ではないということを知っておく必要があります。

他者の視点があることを知る

前述のように、他者と「折り合いをつける」「調整する」ために大事なのは、「他者には他の視点がある」と知っていることです。それを感覚的に想像することは難しくても、知識としてインプットしておくことが大事なのです。

相手と意見がぶつかるときでも、相手の考えを全面的に否定するのではなく、もしかしたら自分が知らない・見えていない「相手の考えや視点があるのかもしれない」という知的な理解をすることで、一拍の余地が生まれるからです。

そうでないと、相手にとっては「何を言っても取り付く島もない人」「聞く耳を持たない人」「話し合いにならない人」ということになってしまいます。

たとえば相手の主張に同意できないときには、真っ向からすべてに反対するのではなく、まずは「自分にはこう思えるのだけれども、あなたがそう考える理由や背景についてもっと詳しく教えてほしい」と尋ねてみてください。

それは相手に主張を譲ることや相手に負けることではありません。相手の主張を理解しようとしたうえで、さらに思考するチャンスになります。相手にとっても、詳しく尋ねられることによって、自分の主張の穴に自ら気づく可能性もあります。

もちろん自分自身も、自分の主張についての詳しい背景や理由について話したり、相手に質問の機会を与えたりすることが大事です。そうして、異なる主張をする相手の立場や視点についてお互いが思考してみることで、有意義な調整点が見つかっていくものと考えられます。そこに話し合いをする意味があります。

頭の整理整頓をする

第3章でもお話ししましたが、「あれもこれもごちゃごちゃ」になりやすい（要点の把握や統合が苦手）という特性があると、業務に必要な知識はむしろたくさんあるのに、それらがうまく整理できていないために、判断を求められた際、まるで目詰まりを起こしたように知識が出てこないようになってしまいます。

何かを尋ねられてもすぐに言葉が出てこないようなときは、何も思い浮かばないというよりも、むしろあれもこれも考えてしまって、どこからどう話してよいかわからなくなってしまうのではないかと思います。

しかし相手にとっては「何も明確な考えがない人」だとか「反抗的な態度だ」と誤解されてしまうこともあります。言いたいことはあるのに、うまく言えずに誤解されてしまうという状態はとても大きなストレスとなるでしょう。そして、そのストレスがイライラを引き起こし、怒りを暴発させてしまう火種になりかねません。

ですから、頭をこまめに整理しておく必要があります。頭を整理するには、第5章でいくつかお話ししたように「定期的に物理的な片付けをする」「一日あったことを日報や日記で記録する」「しっかり睡眠をとる」「マイペースで自分が好きな時間を過ごす」といったことを実践してください。

頭が疲れてくると、必ず「ごちゃごちゃ」が高じてしまいます。また、誰かに1~2週間の中であったこと、その中で気持ちが引っかかっていることなどを話すことも有益です。これは次章でもお話ししたいと思います。

マインドフルネスを保つ

怒っているときには、体が緊張して呼吸が浅くなります。硬い身体と思考は緊張を呼び、怒りを導きやすくします。ですから、しなやかな身体と思考、ゆったりとした呼吸が大切です。

「しなやか」とか「ゆったり」といいましたが、だからといって「しなやかにしなければ」とか「ゆっくり息を吸わなければ」と自分をコントロールしようとする必要はありません。

マインドフルネスとは、意識をそっと「今」だけに向ける心の状態をいいます。

人は、ほとんどの時間を絶え間なく、昨日の出来事や今後の行く先などについてあれこれ考えます。そして後悔したり、怒りを湧かせたり、不安になったりして脳を忙しく動かしています。「今」だけに集中することによって、せわしなく働かせている脳にさまざまな変化を促し、ストレスをたまりにくくすることができます。

周囲の刺激に反応しやすいとか、あれもこれも情報がごちゃごちゃになりやすい、集中しすぎてしまう、たくさんのエネルギーを費やして対人関係や作業をこなす、などが日常的であれば、それだけ脳がいつもフル回転しているということでもあります。ですから、脳を効率的に休ませて健康的に活性化させる方法は非常に有益だと思います。

マインドフルネス、つまり「今」だけに意識を向ける心の状態を実践するために、ここでは呼吸を使った瞑想を紹介しておきます。

呼吸の瞑想

❶背筋を伸ばして座る。目は軽く閉じるか薄く開けて斜め前を見る
❷息を吸ったときに、お腹や胸が膨らむ動きを感じ、心の中で「膨らみ、膨らみ」と実況する。呼吸はコントロールしようとせず、そのとき一番したいように呼吸する
❸息を吐いたときに、お腹や胸が縮むのを感じ、心の中で「縮み、縮み」と実況する

雑念が浮かんできた場合は、「雑念、雑念」と心の中で数回つぶやき（ラベリング）、「戻ります」といって、再び呼吸に伴う体の感覚に戻っていきます。どこかに痛みやかゆみを感じたら同様に「痛み、痛み……、戻ります」、「かゆみ、かゆみ……、戻ります」のようにして、呼吸に意識を戻します。

呼吸の瞑想は一日に10分ほど行い、慣れてくれば時間を延ばしても構いません。

この実践の途中で気分が悪くなったり、合わないと感じたりした場合は無理しないで中

止してください。

第8章
カウンセリングを上手に利用する

職業生活の中で「同じ失敗を繰り返していてつらい」とか「日々求められる判断場面が怖い」などと感じているとき、カウンセリングは役に立つでしょうか。

「ただ聴いてもらうだけなんて、意味がないのではないか？」と思うかもしれません。確かに、それだけではカウンセリングを受ける意味は十分ではないでしょう。

では、どのようにカウンセリングを受けたら意味があるのでしょうか。カウンセリングが最大限あなたにとって意味のあるものとなるために、どのような目的意識を持って取り組んだらよいのかを紹介したいと思います。

とはいえ、もちろんこれがカウンセリングのすべてではありません。受けるみなさんそれぞれの状況や、症状、要望や目的などによって、もっと違う方法を選択する必要がある場合もあるでしょう。

また、カウンセラーによっても、それぞれカウンセリングに対する考え方ややり方が違います。誰もが必ずしも以下に述べるような目的ややり方で実践しているとは限りません。考え方や専門分野にもよりますので、一律ではないことをご了承ください。

大事なことは、「カウンセラーが何かいいことをしてくれるはず」という受け身のカウンセリングではなく、カウンセラーとともに一緒に考え、自分にとって意義のある機会にするために能動的に利用することです。

自分の特性を適切に知るカウンセリング

本書で一貫してお話ししてきたことは、自分が自分を知ることの大事さです。「自分を知る」とか「自分を理解する」ことはとても大事ですが、それがどのようにして獲得できるのかを語るのは簡単ではありません。

しかし、発達障害特性が考えられる場合には、カウンセリングにおいては次に述べる3つの対話ポイントがあると私は考えています。

①　目下、つらいと思っていることの経緯や背景をできるだけ具体的に細かく伝える

自分や誰かが間違っているとか、悪いなどというような評価に結論を終始させず（もちろんわだかまっている気持ちを吐露することも大事ですが）、そのときの経緯、その情景、

その環境、そのときの言葉などを、カウンセラーができるだけリアルに把握できるよう具体的にお話ししてみてください。

たとえば、「自分がレポートを出しに行ったら上司にいきなり怒鳴られた。この上司とはうまが合わない。確かにレポートは提出期限に遅れてしまったが、自分としては質の高いものを出せたので必要な時間だったと思っている」という趣旨の話をするとしましょう。たったこれだけの話であっても、もっと具体的に、詳しく話すことで、自分を知るための手掛かりになるポイントがたくさんあります。

レポートはどんな内容で、いつ、どんな経緯で上司からその仕事を引き受けたのか？その上司とはその業務以前に何かやりとりがあったのか？　どんな関係性だったのか？その仕事の重要度はどれくらいと考えていたか？　上司はその仕事をどう説明したか？自分はそれをどう理解したのか？　どんなふうに仕事を進めて遅くなってしまったのか？　具体的には何日納期に遅れたのか？　遅れる経緯を話したか？　どんなタイミングで、どのような言い方でそれを上司に伝えたか？　時間をかけて高めた業務の質とは何か？　その業務の後工程は？　同じように納期を過ぎたことは今までもあったか？

……などです。これらの疑問に答えるためには、かなり細かに状況の経緯や物事の前後左右、それから、自分の考え方ややり方について話すことになります。すると、業務の指示の受け方や理解の癖だったり、仕事の進め方やこだわりだったり、時間の費やし方、上司への言い方やタイミングなど、自分ではそれが当たり前だと思ってやっていることの中に、自分の特性が見えてくることがあります。

② ①で話したようなことは以前にも心当たりがあるかを話す

たとえば、作業に時間をかけすぎてしまって納期に遅れることがたびたびあるとか、主張は間違っていないけれども相手を怒らせてしまったとか、類似のことを過去に何度も経験してきているのであれば、それをお話ししてください。

相談内容が現在の職場のことであっても、過去の経験を探すのは学生時代や子供時代までさかのぼっても構いませんし、職場に限らず友人や家族との間で起こったことなどを含めても結構です。今のしんどさやうまくいかないことと似たような経験が過去や別の生活場面でもあるとしたら、それが自分にとって一番障壁となっている特性かもしれません。

③ ①②から抽出される、今の自分に最も障壁となっている特性をキーワードとキーセンテンスにする

第3章で「判断すること」に障壁となりうる特性を4つ挙げました。

❶「だいたいこれくらい」がよくわからない（程度の把握が苦手）
❷「あれもこれもごちゃごちゃ」になりやすい（要点の把握や統合が苦手）
❸思考の道筋が固定的である（こだわりが強い）
❹作業しながら使う一時的な記憶（ワーキングメモリ）が苦手である

の4つです。

これをヒントにしながら、最も障壁となっている特性を表すとしたら何なのか、その特性がどういう言動・現象・問題につながっているのかということを話し合ってみてください。

もちろん、この4つに限らなくても結構です。「特性と生じている問題とのつながり」がわかってくると、どこをどのように工夫したり、周囲に理解を求めればよいのがわかっ

てきます。

これらは主にカウンセラーと話をすることによる営みですが、これに加えて、各種心理テストを行うこともあります。話をすることによってあぶりだされてきた自分の理解が、心理テストによって裏付けられたり、逆に話したことからは気づけなかった特徴がテスト結果からわかることもあります。あらためて心理テストで特徴を明快に表現されることによって、自己理解がより鮮明に促されることになります。

ただし、カウンセラーとまったく対話することなく、テストだけを受けて、結果だけを聞くことはあまりお勧めしません。

というのも、テスト結果の文言は、字面として理解するだけでは足りず、自分の具体的な言動や実際に引き起こす現象や問題と結びついてこそ腑に落ち、自分を深く理解することができるからです。

心理テストは客観的な手がかりや説明ツールとして重要ですが、心理テストのフィードバックを丁寧に実施してもらう必要があります。同時に対話によって理解するという方法も重視して、カウンセリングを利用してもらいたいと思います。

自分の世界を理解してもらう

カウンセラーと丁寧に話し合っていくことは、「自分側」から見る事実と、「周囲側」から見る事実を検証していくことでもあります。

自分にとってはごく当たり前の受け取り方や考え方、物事の進め方を、あえて言葉にしてカウンセラーに説明したり、カウンセラーから尋ねられたことを言葉にしてみると、自分の世界がより明確に浮き彫りになります。

それは、自分にとっては当たり前の世界かもしれませんが、周囲にとってはそうではないかもしれません。あなたにとって当たり前の世界を、あえて丁寧に言葉にすることで、カウンセラーは「なるほど、あなたはそうとらえていたのか」「そのように考えていたんだ」「そう感じていたんだな」ということが、理解できるのです。

何かの出来事や状況に対して、とっさに考えたこと、とらえたこと、感じたことは、誰しもそれが当たり前の考えや感覚だと思っています。自分の考えや感覚は自分にとってごく自然で慣れ親しんだものですから、違和感がないわけです。

しかし、実は物事の受け取り方や考え方や進め方は、人によってかなり違いがあります。その違いが、発達障害特性によってやや特異であっても、本人にとってはそれが当たり前の感覚なのです。

自分にとって当たり前のことなのに、結果的に受け入れられなかったりうまくいかなかったりすると、混乱し、傷つき、自信を失います。自信がなくなることとは、自分への信頼がなくなることですから、それはとてつもなく不安ですし、自分への信頼感が失われれば他者への信頼感が持てなくなるのも必然です。

そうやって長い間、自分の世界を理解してもらう機会もなく、傷ついたまま、恐る恐る他者の世界を侵さないよう、精いっぱい気を遣ってきたのだと思います。ですから、カウンセリングでは安心して、思い切り自分の世界を出し、わかってもらうという経験がとても大事です。

自分や他者の言いたいことを翻訳してもらう

まず「自分を知る」こと、それから「自分の世界をわかってもらう」という過程を経ると、当然ながら、「自分の世界」と「他者の世界」があるのだということが、ニュートラルな気持ちで理解できます。

今までも「自分は周囲と違うのだ」と思ったことはあったでしょうが、そのときにはニュートラルな気持ちではなく、とても孤独でつらく、追い詰められた気持ちだったのではないかと思います。

しかし、きちんと自分について自分が理解でき、自分の世界を他者（カウンセラー）に理解してもらうと、初めて「自分」と「他者」の世界を並べて見てみよう、と考えることができます。そうすると、その間を「取り持ってくれる機能」を受け入れられるようになります。つまり、それがカウンセラーによる「翻訳機能」です。

自分がとった言動の奥にある考えや意図、真意は、自分ではなかなかうまく自覚したり言語化したりできないかもしれません。しかし、カウンセリングを通してそれらを他者にとってわかりやすい言葉に置き換えて明確にしてもらうことができます。逆に、他者による自分に対しての言動で、自分が理解しにくかったり誤解していたり受け取りにくいことについて、自分の世界への理解を踏まえたうえで、その真意や考え方などをわかりやすく伝えてもらうこともできます。これが「翻訳機能」です。

翻訳してもらうことで、誤解が解けて気持ちが楽になることもありますし、自分の考え方やとらえ方の調整を学ぶこともできます。

生活上の工夫や職場環境の調整方法を話し合う

カウンセリングの機会を利用して自分を知り、自分の世界を受け止めてもらうことによって、自分をまっすぐみることができるようになると、何をどう工夫したらうまくいくのか、楽になるのか、どうやったら自分流のやり方でゴールにたどり着けるのか、ということを話し合うことができます。

話の方向性は大きく2つあります。

1つは、自分自身が工夫したりやり方を変えたりして、楽になったり、うまくいかせる方法です。もう1つは、周囲の人や環境に働きかけて、周囲を工夫したり変えたりしてうまくいかせる方法です。

特に仕事上のことであれば、業務内容や職場の状況を踏まえ、どのように環境を整えればうまくいきそうかを話し合ったうえで、上司や人事労務担当者、事業主などに働きかけ、理解と許可を得て、具体的な調整を行います。

このとき、主治医やカウンセラーから、意見書や情報提供書という形で環境改善のポイントなどを伝えたり、場合によっては本人の了解を得たうえで上司や人事労務担当者に診察やカウンセリングにお越しいただき、直接説明することもあります。

また、社内に産業医や産業看護職、カウンセラー、メンタルヘルス推進担当者などが配置されている場合は、そうした社内のしかるべき担当者と連携しながら、職場調整を進めていくこともあります。

頭をトレースして整理する

ここまでお話ししたカウンセリングの目的や進め方は、自分や環境に働きかけて状況を変えていこうとする方法です。

一方、ここでお話ししたい「頭をトレースして整理する」というのは、積極的に何かを変えたり働きかけたりするわけではなく、淡々と話をすることによる効果を目的としています。

カウンセラーに、前回のカウンセリングから今回までの1～2週間にあった出来事や、気になっている出来事について、順番に頭をトレースするように話をします。

話をするなかで、カウンセラーからちょっとした助言や翻訳などはあるかもしれませんが、主眼を置くのは、「自分のペースで頭の中にあるものを出してみる」ということです。

いったん順番に出してみることによって、ごちゃごちゃになっていた頭の中が整理されます。ちょうど、煩雑になってしまったタンスの中身を一度全部外に出してみてから入れ直すような作業に似ています。

話には、「これを相談したい」とか「これを解決したい」などの「どうしたいのか」という、明確な相談の焦点がなくても構いません。必ずしも効率よく話す必要もなく、自分のペースで頭の中にあるものを出しますから、カウンセリングの時間はやや長くとることが必要です。

ただ話すだけなら、相手がカウンセラーである必要はないのではないか、と思うかもしれません。しかし、上司や同僚や友人、家族などに話せば、相手は「何か助言しなければ」という意識があるため、あなたの言葉をさえぎって途中で助言や説得が始まるかもしれません。

「何が言いたいの?」などと話の「結論」を求められるかもしれません。あるいは、大抵の人間関係では、自分が話した割合と同じくらいの割合で相手も話したいものですから、自分が話すだけでなく相手の話も聞かなければなりません。

途中で自分の話がさえぎられたり、話の主役が代わったりすると、タンスから出しかかっていたものを全部出し切らずに途中で押し込まなければいけなくなります。結局、頭を整理する機会としては不十分になってしまうのです。

ですから、カウンセリングという完全に時間と空間が守られた場所で、批判されたり注意されたり中断されることもなく、ゆっくりと自分の頭の中のタンスを開けて、いったん全部出してみるという機会はとても有効になるのです。

ただし、カウンセリングの時間は無制限ではありませんので、あらかじめカウンセラーと話し合ってください。やや長めの時間を設定するのも一案ですが、カウンセラーや相談機関のサービスメニューやルールによってはできないこともありますので、ご承知おきください。

安心感を得る

自分を直視するのを助けてくれる、自分の世界を語れる、生活や職場環境についても理解してもらえる、自分のペースで話すことができるという時間と空間は、総じて安心感を得る場となると思います。

常に周囲に気を遣い、あらゆることにエネルギーを費やし、緊張や不安の連続であれば、安心できる時間を持つことはとても大事なことです。一人で好きなことをする時間もホッとできる時間だとは思います。しかし、「一人だからホッとできる」時間だけでなく、「誰かといてホッとできる」ということもとても大事なことだと思います。

「他者に受け入れられる」「他者に理解してもらえる」という誰かの存在というのは、一人でいる安心感とはまた違う意味や価値があるはずです。

カウンセラーという他者との関係をつくり、安心感を得られたら、それをさまざまな形で発展させていくことも大切です。たとえば、自助会や自助グループなどに参加したり、家族や友人、職場の人との良好な関係をつくったりすることです。

カウンセリングはカウンセラーとの間だけで成り立つ刹那的な安心の場ではなく、カウンセラーとの間で築き、練習し、実践できた人間関係を、他の人との間でも展開していけるようになるための最初の出発点といえます。

第9章
事例から見えること

ここでは、「判断するのが怖い」というつらさを抱えてきた方の事例について見ていきます。

本人の視点と気持ちだけでなく、その上司の視点や気持ちを紹介し、両者の立場から同じ状況を表現してみようと思います。

同じ状況であっても、それぞれの立場や考え方が違えば見え方が違います。それぞれの悩みや苦しみもあります。そして多くの場合は、どちらかが100%正しいとか間違っているということもありません。

しかし、誰しも自分から見えるものしかわかりにくいし、見えているものが真実だと思ってしまうものです。立場の違う者同士が歩み寄り、理解しながら共に働いていくためには、相手の立っているところから見える景色にも思いをはせる必要があります。

相手の立場や気持ち、物事の脈絡をイマジネーションするのが苦手という障害特性があると、相手の気持ちにフィットした歩み寄りがうまくできないことがあります。

でもそれは、相手の立場を考えようとしていないわけではありません。むしろイマジネーションすることが苦手だからこそ、いつも周囲を不快にさせないよう、自分と軋轢が生じないように、精いっぱい気を遣っているのです。けれども、周囲との距離は遠く、「わからない、わかってもらえない」という苦しさがあるのではないかと思います。一方、相手から見ると、彼らの言動は規格外・想定外で、理解が難く、近づきがたい存在に映っているのかもしれません。

本来はお互いに悪意などなくても、次第に溝が大きくなって、埋まらないものになってしまうことも少なくないでしょう。

両者の視点から表現した以下の事例を読んでいただき、あなたが周囲の方々と相互に理解できる手がかりを見つけるヒントにしていただければと思います。なお、登場人物属性・所属・業務内容・疾病障害・経緯などはすべて架空のものです。実際の多くの相談のエッセンスを統合し、筆者が「ありうる事例」として作成したものであることをご了承ください。

事例　会議で発言を求められるのが怖いMさん

Mさん自身の話

私は大手の小売業に勤務して10年以上になります。昨年フロア主任にもなりました。10年以上の勤務といえば、それなりのキャリアであるはずなのですが、私は仕事にまったく自信を持つことができません。現在は婦人服売り場を担当していますが、売り上げが伸びていません。特に数か月売り上げが伸び悩んでいるので、連日のように会議で話し合われています。

しかし、私は会議で意見を求められても何も言えず、頭の中で言うべきことを必死で並べようとしているうちに、他の誰かが発言してしまうので、何も発言できないままになってしまうのです。

先日は上司から、「なぜ何も言わないんだ。何も考えてないのか？　もっとやる気を出してもらわないと困る」と叱責されてしまいました。

自分としては、考えがまったくないわけではないのですが、瞬発的に言葉が出ず、もたもたしているうちにタイミングを逃して、結局何も発言できなくなってしまうのです。

そういうことは会議の場面以外でもよくあります。最近ではパートやアルバイトなどの非正規社員の方も増えたので、社員が彼らを管理しなければなりません。お客様からクレームがあったときや業者さんからのイレギュラーな問い合わせなどに、パートさんから指示を仰がれるのですが、すぐに適切な判断ができず、あたふたしてしまいます。そのためパートさんからは、社員なのに適切に指示しないと不満をあらわにされることもあります。

自分は、子供のころから人と話したり自分の意見を言ったりするのは苦手でした。振り返ってみると、自分が考えていることと友人たちが考えていることが全然違っていて違和感を持つことがあったり、気まずい状態になったりすることがありました。そのうち、自分の考えを出しても大丈夫だろうかと躊躇するようになってしまったようにも思います。

それでも、入社当時はまだ気が楽でしたが、年数が経つにつれ、常に適切な判断を求められることに対するプレッシャーが大きくなっています。

「これはどうしたらいいですか？」と聞かれることがとても怖くて、とっさに判断することができないので、つい「自分がやります」とか「後で返事します」と答えてしまいます。それによって仕事を増やしてしまったり、後でやるつもりで先延ばしにしてしまい、自分が引き受けたことをすっかり忘れてしまったりして、クレームになることもあります。

また先日、別の店舗の主任から、合同で企画をやりたいのだがどう思うかと打診され、どう答えていいかわからずに黙っていて、怒らせてしまったことがありました。

本当は、何も考えがないわけではないつもりなのですが、あれこれ考えてしまってどう言葉にすればいいのかわからず、言葉に迷っているうちに、沈黙が長くなってしまうのです。

結局、その主任は別の人に話を持っていったようです。最近では、自分を通さずに話がほぼ決まっていたり、会議の場でも自分だけ蚊帳の外で話がまとまってしまったりすることも多いように思います。

何か言おうとして一生懸命発言していても「何を言いたいのかわかりません」とか「も

う少し端的に言ってもらえますか」などと言われると、途端に頭が真っ白になってしまいます。自分としても何とか責任を果たさなければならないと思っているのですが、意見を出したり、とっさに判断を求められたりすることが、とても苦痛で仕方ありません。

自分は、決まった仕事をこつこつと積み上げていくタイプです。昔は先輩や上司に言われたことを時間をかけてコツコツやっていて褒められることもありました。しかし、キャリアも積み職位もつくと、言われたことをやっていればいいというわけにはいきません。そもそも、若くても積極的に発言の機会が与えられ、やる気のある人はどんどん仕事を任されるような風潮になってきているなかで、自分は身の置き所がない感じがしています。

2週間ほど前から寝つきが悪くなっています。明日の仕事のことを考えたり、今日あった出来事を思い出して周囲になんて思われただろうかなどとぐるぐると考えたりすることもあります。以前は午後11時には眠れたのに、最近は1時過ぎても眠れず、朝はだるくて仕方ありません。

眠れていないことが影響しているのか、出勤しても、今まで以上にいろいろなことがうまくこなせず、時間がかかってしまいます。もともと、仕事に取り掛かるためには前任者のやり方を調べたり尋ねたりして準備に時間をかけなければ不安なのですが、最近ではさらにその時間が増えてしまっています。

上司のコメント：つかみどころがなくどう指導してよいかわからない

Mさんを適切にマネージメントするにはどうしたらいいか悩んでいます。

Mさんは普段から無口で、強く自己主張することはありません。決してスピードは速くないものの、私語も少なく指示されたことを淡々とこなしているところには、信頼感がありました。

しかし、キャリアも10年を超え、もう少し職場をリードしてほしいという期待もあって、主任という職位を与えました。そのころから、はたから見ていても不安げだったり、あわてていたり、焦っている様子が見られます。スタッフから尋ねられた些細な質問にもあわてしまって、答えられない様子が心配です。

会議において現状の確認をしたり意見を求めたりしても、適切な回答はなく、最近では何を聞いても黙ってしまうことが多くなりました。黙られるとそのまま何分も言葉を待つわけにもいかず、別の人に振らざるを得ません。

主任にした手前もあり、もう少し職位に見合った振る舞いをしてもらわないとスタッフに示しがつかないと、Mさんにいら立ちを覚えるようになっています。

先日も、会議で現場の様子を尋ねたところ、何も言葉が出てこないので、いくつか誘い水の言葉をかけたのですが反応がなく、つい強い口調で注意してしまいました。

ただ、その注意にも特に何も反応せず、ただうつむいているだけでした。自分としては、どうにかMさんを指導し育てたいと思って発言を求めるようにしているのですが、その意図がわかっていないのかもしれません。

Mさんは昔からあまり社交的ではなく、昼食も一人でとっているのをよく目にします。まじめさや誠実さは伝わってくるのですが、要領よく業務をこなすタイプではないように思います。

新しい企画の指示などを出した際には、スタッフはみなそれぞれメモを取って自分の役割を書き留め、必要に応じて質問してくるなどしますが、Mさんはメモを持っているだけで書き留めている様子はありません。

後になって指示したことを忘れていたり理解を取り違えたりしていることも頻繁にあるため、メモを取るように何度か声を掛けましたが、変わりません。ではメモを取るなどのマメな作業が嫌いなのかと思いきや、逆に販売記録やお客様対応の記録などは細かすぎて記録に時間がかかるので、もっと簡潔に書くよう何度か指導したことがあります。しかしいずれも一向にやり方が変わることがありません。

Mさんを見ていると、確信的にやっていることなのか、それとも努力してもできないことなのか、あるいはひそかな反抗心なのか、どういうつもりなのかがよくわかりません。また、これができたらこちらも当然できるはずだと思うことでも、意外なところで行き詰まってしまい、やることにムラがあるようにも思います。

どのように彼をとらえて、指導や助言をしたらよいのかわからず、こちらとしてはとまどいやいら立ちもするし、自分の指導が悪いのかと自責も感じます。このままだと、適切な改善も促せないまま、自分にネガティブな気持ちが募ってしまうような気もしていて、どのようにマネージメントしたらよいか悩んでいるところです。

Mさんと上司はどのようにしていったらよいか

Mさんは入社当初は頼まれることをコツコツとこなすことで一定の信頼や評価もされてきました。けれども、職歴が長くなって職位もつき、また、雇用形態の違う労働者との立場の違いや若い人の登用の風潮もあって、リーダーシップや創造性が求められるようになってきています。

そうしたなかで、自分の意見や考え、とっさの判断などが求められることに非常に苦しみを感じています。アイデアがないわけではないけれども、きちんと表に出せる形にならないと、どう表現してよいかわからず、言葉が出てきません。さらに上司から叱責されると、緊張や不安が高まってますます言葉が出てこなくなります。

そうしたストレスが高じて、不眠傾向や疲労の蓄積が見られるようになっているので、このままではすべてに意欲がなくなったり、抑うつ感が増大したりして、突然出勤できなくなる危険もあると思います。

このような不調と仕事の状況を、ごく表面的にとらえるのであれば、あたかも昇進（主任になったこと）のプレッシャーで不調に陥ったかのように見えます。実際、精神科を受診しても、そのように見立てられることも少なくないでしょう。しかし、それは本質ではありません。たとえ職位を外したとしても、事例の中でもMさんが言っているように、若い人でもどんどん積極的に発言して登用される風潮や、非正規社員の管理を正規社員がしなければならない体制であれば、Mさんのストレスは継続し続けるでしょう。

おそらくMさんは、やるべきことが明確なことに対しては、コツコツ根気よく続けられたり、掘り下げて作業するというようなことが得意なのでしょう。一方で、曖昧なものや視覚化できないものをとらえ、整理して表現することや、未経験の新しいことを創造するのはあまり得意ではないと思われます。

しかし、経験したことは地道に習得していけますし、作業を繰り返し行うなかで作業スピードをアップさせたり精度を上げる工夫を生み出したりすることができる可能性があります。

昨今のマネージメント業務は、かなり多岐にわたってあれもこれも考えなければならないし、自分自身もプレイヤーであることも多く、複数業務の同時並行が常だと思います。あれもこれも質の異なることを同時に考えようとすると混乱します。そもそも、Mさんは同時に複数のことを行うのが苦手なようです。事務作業、接客、クレーム対応、新しい企画の発案、売り上げ実績データの分析など質が異なる仕事は、頭の使い方も異なるため、モードの切り替えが必要です。Mさんの現在の職場や今の職務の中で最も障壁となっているることのキーワードは「頭の中がごちゃごちゃしやすく、頭を切り替えることが苦手」かもしれません。

うまくモードの切り替えができないと、頭の中が乱雑になり、混乱しやすくなります。頭の中にまるでたくさんのメモ用紙が散らばっているような状態です。何がどこに書いてあるのか、どこにメモが落ちているのかわからず、情報を引き出すのに時間がかかります。そのうえ焦ると、落ちているメモから探し出すのにさらに時間がかかります。

ではMさんはどうしたらよいでしょうか。たとえばこんな方法はどうでしょう。「切り替えが必要となる質の違う業務」を視覚化してみます。「あれもこれも、いろいろある」という漠然としたイメージではなく、「❶接客　❷事務作業（シフト作成・記録付け・掲示物作成）❸企画書づくり　❹会議」など、整理して表にまとめます、色分けしてもよいでしょう。

そして、それぞれやらねばならないこと、期待されること、思考のモードのイメージを作ります。一日一つのモードだけを使うわけにはいきませんが、作業に着手する際には、その表を見て、今はどの作業をするのか、どういうモードなのか、数秒から数分かけてモードチェンジします。

それでも焦ってしまうときには、頭の中がごちゃごちゃしているときだと思いますので、いったん深呼吸し、「頭の中がごちゃごちゃしているぞ、今何をするんだっけ？」と仕切り直してください。

また、一日の終わりに、今日は何をやったのか、朝から夕方までのことを頭をトレースするように思い出し、日報を書いたり、今日やったこと・明日やることなどをメモするのもよいでしょう。

カウンセラーが利用できるのであれば、定期的に職場での出来事や今抱えている仕事について話をすると、ごちゃごちゃが整理されます。

カウンセラーでなくとも、たとえば上司に一週間に一度、15分程度でいいので、今の業務の状態を話す一対一のプチミーティングが明確に確保されているだけでも、かなり思考が整理できる効果が期待できます。

また、上司の方に助言するとすれば、Mさんには、「これができたらこっちもできるはず」という定式的な考えは当てはまらないことがあります。意図的にやらないとか、怠けているとか、ましてや反抗の表現としてやらなかったりできなかったりするわけではありません。

物事を遂行するときには、必ずとるべき思考プロセスがありますが、そのプロセスの中に苦手な思考の機能が必要とされる段階があると、そこで行き詰まってしまったり時間がかかってしまったりすることがあります。ですから、「これができたらこっちもできるはず」とはならないのです。他者と同じような思考・作業プロセスで進めさせようとせずに、Mさんに合った思考プロセスにのっとったうえで、作業効率を上げるような指導が必要です。

また、業務上の配慮をするときには、単に作業の量を減らせばいいとか、主任という職位を外せばいい、というのではなく、Mさんに合ったやり方を使って業務遂行を促す必要があります。

それには、何よりもMさんとどうやったらやりやすいか、「一緒に考えながら」進めていくということが必要です。「一緒に考えながら」というのは、上司もMさん本人も、どういうやり方が一番よいのかあらかじめわかっているわけではありませんから、ある程度の試行錯誤が必要だからです。

ですから、Mさんに「どうやって進めたいんだ？」と詰問しても、Mさん自身もすぐに答えられるわけではありません。あれこれ複数のモードが必要なことを「器用に切り替えることが難しい」ゆえに「混乱が生じやすいため、頭の整理をしながら進めることが大事」というキーセンテンスを共有しながら、話し合いを進めていくとよいでしょう。

また、叱責するとさらに混乱が高じてしまうということも心得ておくとよいと思います。混乱しやすい状態というのは、頭の部屋の中に、いろいろな情報が書いてあるメモがたくさん散らばっているようなものです。そして、叱責するということは、その部屋に突風を送り込むようなものなのです。

突風が吹き荒れてメモが風に舞い上がれば、さらに整理ができなくなります。また、この比喩で言うなら、たくさんの情報が書いてあるメモが頭の中に散らばっている状態というのは、「情報がない」わけではないのです。

「情報はある」のですが、書いてあるメモが雑然と散らばっているわけですから、今必要な情報を見つけるのには難儀するわけです。それが、会議などですぐに言葉が出てこない理由です。

ですから、既述のように本人自身がこまめに頭の中の情報整理をしておくこと、そのための環境を整えること（上司が定期的に話を聞く、刺激が少ない作業環境に身を置く、またはその時間を確保するなど）が大切です。

しかしもちろん、自分の障害やその傾向を職場に言えない、上司に相談できない、という場合も少なくないでしょう。必ずしもすべてを開示しなければならないわけではありませんし、誠心誠意開示してなんとか自分も前向きに努力しようと思っているのに、開示したことでかえって誤解を招いて立場が苦しくなってしまう、という悲しい結果もないとは言えません。それだけまだ社会も職場も十分に発達障害に関する知識や理解が浸透していないし、個人個人の考えや感情レベルも洗練されているとは限らないからです。

ですから、もちろん自己理解は必須ですが、職場や上司に理解や協力を求められるかどうか、そこも含めて主治医やカウンセラーに相談することが必要だと思います。

第10章

職場の「暗黙の了解」を言葉にすると

カウンセリングに訪れる方がよく吐露されるのは、「誰もそれを教えてくれなかったけど、そうやってきちんと言葉にされればわかる」とか「そのことをちゃんと誰かに教えてもらえればわかったのに」などという言葉です。

私たちは成長する過程でさまざまなことを学びますが、その中には家庭や学校生活の中で「教育」として教えてもらえるものもある一方で、周囲との関係を通して自然に身につくものもあります。

発達障害特性があると、前者は明確にインプットしやすいのですが、後者の「自然に」身につけるということが、なかなか難しい場合があります。というのも、明確な基準がないし、視覚化されているわけでもないし、人それぞれ微妙な違いもあることに対して、想像力を働かせたり感覚的に理解したことを体験を通して統合し、自分の中に蓄積していかなければならないからです。

そうした蓄積が「一般的な感覚」とか「常識」とか「社会性」などといわれて当たり前のこととして認識されているために、誰かがあらためてそれを教えてくれたり、明確に言葉にされたりすることが少ないのも、身につけることが難しい理由です。

つまり、私たちは「言わずもがな」で会話していたり、「暗黙の了解」で意思疎通したりしていることが意外に多いものなのです。しかし、もしこの「共有していると思っていること」「前提として置いていること」が違えば、当然、会話がかみ合わなかったり、物事や状況の理解にも違いが出てきたりするでしょう。仕事上であれば、業務の成果物や人間関係にもさまざまな齟齬が生じる危険があるといえます。

ここでは、職場にある「言わずもがな」を言葉にしてみますので、その言葉が含む一般的な意図や意味について、あらためて確認する機会にしてもらえたらと思います。

「適切な休みの取り方」とは？

「体調が悪ければ、会社を休んでもいい」のは、もちろんその通りです。熱や痛みなどのなんらかの体の異変を感じていたら、何が何でも出勤しなければいけないことはありません。

しかし、たとえばちょっとだるさを感じるとか、ちょっと食欲がないくらいであれば、いつも休むという選択をするとは限りません。つまり、いつも100%の体調でなければ出勤できないというわけではないけれども、ある一定の体感で異変を感じたら、出勤を控えるなり医療機関を受診するなりしなければならない、という一般的なルールがあるわけです。

しかし、歩ける状態ではないとか、40度の高熱が出ているなどの、自他ともに明確な体調不良状態ではない場合に、体の感覚を自覚し、それが出勤しても大丈夫な程度なのか、そうではないのかを判断することが苦手な人もいます。

というのも、曖昧なものの程度を把握することが苦手な人にとっては、体調という曖昧なものを自覚するのは簡単ではないからです。人によっては、少しだるさを感じただけとか、出勤したくないな、と思っただけで休んでしまうこともあるし、逆に40度近い熱があるのに、それに気づかず出勤しようとしてしまう人もいます。

そもそも、仕事をするということは社会に対して一定の責任ある判断ができる前提ですから、安易に欠勤するということは避けなければいけません。

明確な疾病による理由がある場合や、特別な了解を得られている場合を除いて、「今日はあの人出勤してくるかしら？　また休んでしまうのかな」などと周囲に思われている状態であれば、一般の就労をする大前提が失われているといえます。

まずは、安定的に出勤することが、就労するにあたっての言うまでもない当たり前のルールです。だからこそ、体調が悪くならないような生活態度を維持することも含めて仕事である、と考えるのが、一般的な社会人です。

職場では「社会人は原則として安定して出勤してこなければならないのですよ」などとあらためて教えてもらえることはありませんが、あまりにも頻繁に欠勤することは、一般的な社会通念としては許容を超えることがあると知っておく必要があります。

とはいえ、どんな体調でも休んではいけないと考えるのも偏っています。ですから、体調と出退勤の判断が妥当にできるよう、判断の基準を見える化しておくのも一案です。

次ページのレーティングの図表はその一例です。もちろんすでに持病があるとか、すでに不調で通院中であるとか、その人の平熱の状態、業種や職種、職場の出退勤ルールなどによって目安は変わりますので、この図に、自分としての不調のサインを書き込んで、自

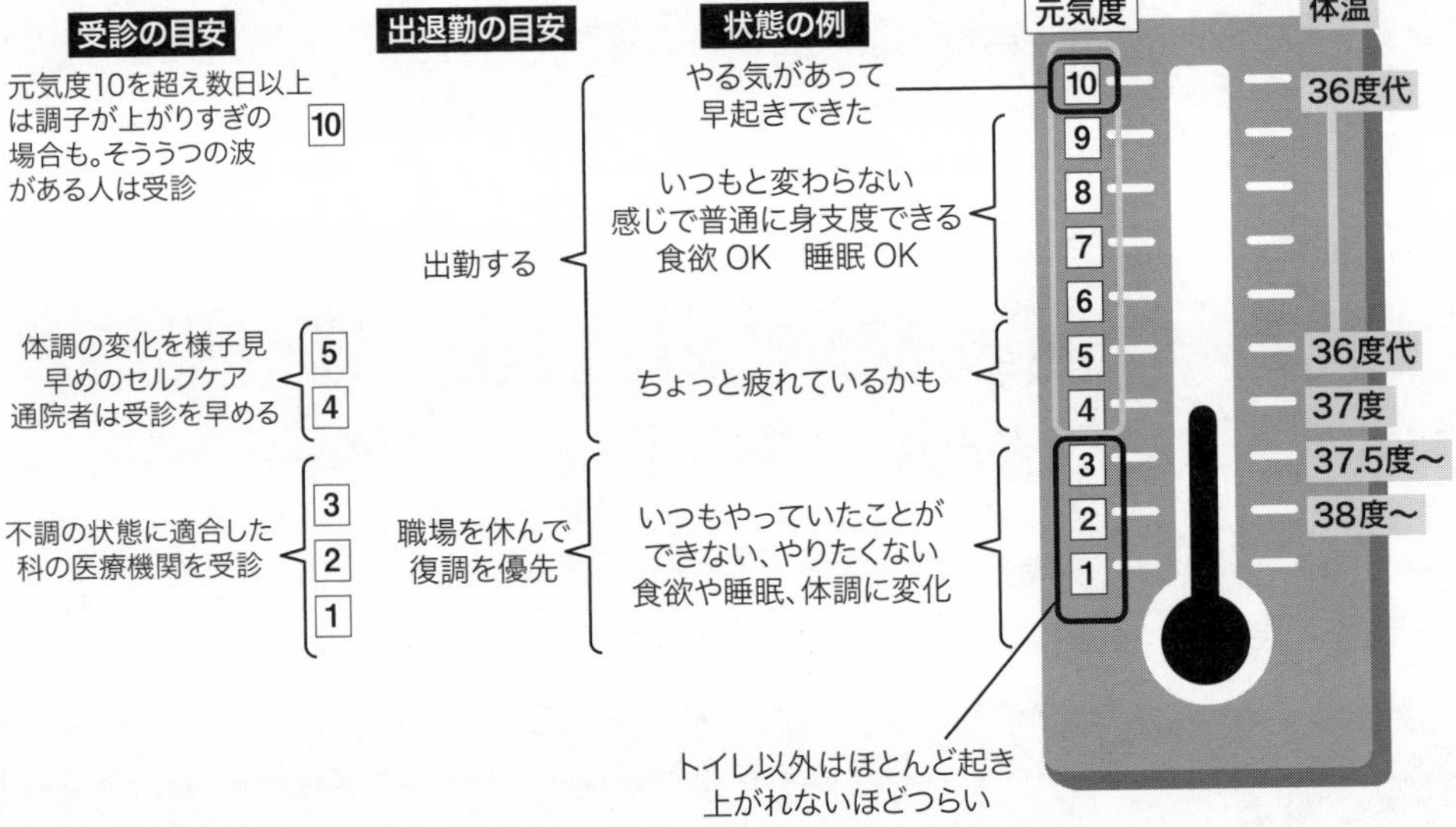
受診の目安
出退勤の目安
状態の例
元気度
体温
元気度10を超え数日以上は調子が上がりすぎの場合も。そううつの波がある人は受診
10
やる気があって早起きできた
36度代
9
8
7
6
いつもと変わらない感じで普通に身支度できる食欲 OK　睡眠 OK
出勤する
体調の変化を様子見 早めのセルフケア 通院者は受診を早める
5
4
ちょっと疲れているかも
36度代
37度
37.5度〜
38度〜
3
2
1
不調の状態に適合した科の医療機関を受診
職場を休んで復調を優先
いつもやっていたことができない、やりたくない食欲や睡眠、体調に変化
トイレ以外はほとんど起き上がれないほどつらい

己理解しておくとよいでしょう。

「業務を同時並行する」とは？

発達障害特性のある人は、「複数業務の同時並行が苦手」などとよくいわれます。しかし複数業務の同時並行といっても、まったく「同時」に業務を行うわけではありません。手も頭も一つ（一対）しかありませんから、まったく同時にできるわけがありません。

仮にＡＢＣＤ４つの業務があるとすれば、Ａを１時間やって、Ｂの必要性が出たらＢに移って、Ｃも少しだけ手をつけておくけれども途中まででやめておき、全体の業務の状態を俯瞰して、またＡに戻って作業を進め、Ｄは手が空いたときに構想だけを考える……というように、業務の全体像を確認しながら４つを行き来して、すべての納期に間に合うように、随時、所要時間や順番を入れ替えながら行っていくというものです。

「複数を同時並行」という表現は、何か魔法のようでわかりにくいのですが、こうやって一日のうちに複数の業務を行き来しながら行って、それぞれの納期に向かっていくことをいうのです。

「優先順位をつける」とは？

優先順位をつけるとは「Aが1番、Bが2番、Cは3番という具合に、重要度や納期に応じて順番に並べることである」という考えは決して間違いではありません。

しかし、これを実際の業務に当てはめると、少し違います。既述の「複数業務の同時並行」の話でもわかるように、大抵の場合業務は「一つ終わったら次に移る」というわけにはいかないので、実際は一つひとつにきれいに優先順位はつけられないのです。

ですから、「優先順位をつけなさい」と言われたときには、「それぞれ適切なタイミングでアウトプットしてください」と言われていると考えたほうが現実的です。文字通り、業務に優先順位をつけようとすると、かえって混乱することがあります。

だとすると、結局のところ「複数の業務を同時並行でやれ」と中身は同じで、複数の業務を適宜行き来しながら、どの業務もそれぞれの納期にゴールできるようにする、ということになります。

「いつでも連絡ください」とは？

「いつでも」とか「なんでも」などというフレーズは、職場でも何気なく使われます。しかし、本当に「いつナンドキでも」とか「どんなことでも」というわけではなく、一種の社交辞令です。

とはいえ、社交辞令というのは「ウソ」を言っているということではありません。社交辞令とは、「好意的な挨拶のような言い回し」です。ですから「いつでも連絡してください」は、「あなたが連絡したいような状況になったときには、できるだけ誠意をもって対応したいと思っていますよ」という意味です。

「大丈夫ですよ」とは？

あなたが引き受けた作業が納期に間に合わず、「すみません。ちょっと時間がなくて……」とあなたが言いかけたら、相手が「大丈夫ですよ、気にしないでください」と返事しました。

あなたはすっかり「もうやらなくてもいいのだ」と理解して、その先の作業を進めずにいました。ところが一週間後、「まだできないのでしょうか？」と相手から怒りを伴った催促の電話がありました。あなたは「大丈夫と言ったじゃないか」と腑に落ちません。

「大丈夫」とは曲者の言葉です。実にさまざまな意味を含みます。「遅れたことを気に病まなくて大丈夫です」「遅れたとしてもまだ時間の猶予があるから大丈夫です」「今から急いでくれれば間に合うので大丈夫です」「私が引き受けるからあなたはやらなくても大丈夫です」などなどです。

いったいどういう意味の大丈夫なのか、きちんと確かめないと、お互いに異なる「大丈夫」だと思っているかもしれません。ですからこの場合、「大丈夫ですよ」と言われた後に、「ありがとうございます。では、納期は〇日までに急いで対応するということでよろしいですか？」などと、どういう結論なのかを確かめておくことが得策です。

確かめるといっても「大丈夫っていうのは、どういう意味ですか？」などとダイレクトに尋ねるのは相手の配慮に対して無粋ですので、いったん「ありがとうございます」と伝えてから、明確なところを尋ねるとよいでしょう。

会議で「では、そのような方針にしましょう、〇〇さんお願いします」と言われたら？

会議の席では、話の方向性が二転三転することが珍しくないでしょう。ですから、話の脈絡を追っていないと、最終的な結論を誤って理解してしまうことになります。

会議の最終結論は出席者であれば脈絡を追っていて理解しているはずだという前提で、あらためて結論が明確に示されず、「そのような方針で……」と割愛されてしまうことはよくあることです。二転三転した後の最終的な結論と自分の理解が合っているかどうか、その場で確認できるのが望ましいでしょう。

もし「そのような方針で○○さんお願いします」と言われたら、「承知しました。××について先方に連絡し、確認を取ってみるということでよろしいでしょうか。もし確認がとれましたら、すぐに▽▽さんにご連絡いたします」などという具合です。

上司から「ここをもうちょっと手直ししてください」と言われたら？

完成したと考えて提出した書類について、すぐに上司が目を通し、ちょっとした手直しを要求したとしましょう。こういった場合、上司は「納期は○時間後」などとは言いません。ちょっとした手直しなのだから、今すぐもしくは遅くても一両日中には修正して再度提出してくるだろう、と考えています。

しかし、あなたの感覚では「いったん完成して提出したのだから、優先順位は一番最後」と考えてしまうことがあります。ですから、今すぐ着手すれば1時間で終わる手直しであってもすぐに着手せずに、しばらく塩漬けの状態にしてしまいます。

些細なことのようですが、実はこうしたちょっとした感覚がかみ合わないことが意外にあるものです。たとえば、
上司「○○様（重要な顧客）からメールが来ていたので転送しておくから」

この場合、「転送が届いたら返事をすぐに出しておいて」が言わずもがなになっているため、本人は転送されたものを見ただけで返事はしておらず、顧客からクレームが入ってしまうことがあります。

上司「急な依頼があったので、これを最優先にして作業してください」

この場合、「作業が終わったらすぐに私に連絡してください」が言わずもがなになっていて、本人は急いで作業したけれども、終わったことを報告しなかったため、そのまま数日経ってしまった、などということが起きてしまうわけです。

「言わなくても当然わかるだろう」と、「言われなければわからない」と思っている両者の間では、こうしたトラブルが頻発する恐れがあり、一見些細なことのようでも、たび重

なればお互いに信頼できないという感情が募り、大きな軋轢になってしまうこともあるのです。

「効率よくやれ」とは？

業務が間に合いそうになかったり、滞ったりしていると、上司から「効率よくやってください」と言われることはないでしょうか。

「効率よくやれ」と言われると、「遅いことを指摘されてしまった」という焦りの気持ちが先に立ち、「とにかく急がなければならない」と考えてしまいがちです。しかし、やみくもに急ごうとすればするほど、気持ちは焦るし、頭の中はあれもこれもとパニックになり、ますますうまく進まなくなります。

しかし本来、効率よく仕事をすることとは、とにかく大急ぎでスピードアップすることを指しません。「効率よく」を意訳すると、多くの場合「無駄な作業をするな」ということです。つまり、かけなくてもいいことに工数や労力を費やすことをせず、「納期に間に合うようにしてください」という意味です。

ですから、もし「効率よく作業してください」と言われたら、今考えている作業の工程、作業内容、作業ボリューム、作業スケジュールのめどなどを上司に相談し、適正化を図ったうえで再度作業にとりかかるということをしてもよいと思います。

他者に単刀直入に言わないほうがいいこと

国民性や企業文化にもよりますが、他者とのコミュニケーションの中で、直接的すぎる言い方をすることで、相手が気分を害してしまうとか、敵対心を感じさせることになってしまうことがあります。

なぜなら人は、さまざまな会話の中で、相手と自分の友好度合いや親密度合いを測りながらコミュニケーションしているものだからです。ですから、あまりにも相手にとって受け入れがたいことを悪びれずに言い放ったように見えると、たった一回だけのことであっても、相手は「この人とは相いれない」「きっと自分によい感情を持っていないに違いない」

と思うようなメッセージになってしまうのです。

たとえば、「あなたのこの企画は全然ダメです」とか、「私はあなたと一緒に仕事したくありません」、「(ランチに誘われて) 私は行きません」などです。

自分の気持ちにウソをつかずに伝えることはとても大事なことですが、婉曲な言い方を知っておくと、無用の軋轢を生じさせないで済むこともあると思います。たとえば、仕事上でもさまざまな婉曲な言い回しや角が立たない言い方があります。

ダメ出しや自分の考えを主張する場合

「〇〇についてはよいと思いますが、△△については改善の余地があると思います」

「確かにそういう考えもあると思います。一方、私の考えは……」

「他にもいろいろな考え方はあると思いますが、私が思うには……」

断る場合

「残念ですが、今回は見送らせていただきます」

「申し訳ありません。あいにく〇〇が難しいので、他の方法を考えたいと思いますがいかがでしょうか」

「すみません。ちょっと今日は都合が悪いのでまた今度に」

「申し訳ありません。私がお引き受けするのは難しいかと思いますが、いかがでしょう」

依頼する場合

「恐れ入りますが、〇〇をお願いいたします」

「申し訳ありませんが、〇〇していただいてよいでしょうか」

「お手数をおかけしますが、〇〇をお願いできますでしょうか」

「〇〇していただけるとありがたいのですが」


総じていえることは、自分の考えや感情を一方的かつ唯一の正解であるかのように言うのではなく、相手の主張や立場や気持ちを受け止めようとしていること、そして他の考え方の余地もあると認めつつ、自分の言いたいことを伝えることです。

言葉ではない表現について

「空気を読む」という表現をよく耳にします。「空気」という目に見えないものを読むというのは、どういうことなのでしょうか。それは、言葉になってはいないが、その人や、そこにいる人たちにある共通の気持ちをキャッチする、ということです。

しかし、言葉になっていないわけですから、明確にはわかりません。ですから、言葉以外の方法（言葉になっていても婉曲な表現）で表現されている些細なサインをキャッチする必要があるわけです。

そういう曖昧で目に見えないものをつかむことが苦手な特性の人にとっては、気がつかないところで誰かの意向や気持ちが動いていると思うこと自体、とても不安でストレスになることだと思います。ここでは、いくつかの言葉ではない表現をピックアップしてみましょう。

NOGOサイン

ＮＯＧＯサインとは、相手があなたの話に関心がない、時間がないから聞けない、あなたの話を聞く準備がない、もうこれくらいで終わりにしたい、と思っているサインです。

・あいづちが低いトーンで「はい、はい」とか「うん、うん」「ええ…」などと単調になる
・目を合わせず資料だけ、手元だけ、他のまったく関係ないものなどを見ている
・時計に目をやる
・体や顔が自分のほうに向いていない
・「……わかりました、では……」「……では、考えておきます」という切り上げの言葉が出る

逆に言うと、あなたがこういう態度をとると、相手はあなたがＮＯＧＯサインを出していると受け取ります。もしもＮＯＧＯサインを出しているつもりはない、出すのは不適切

だと思う場面であれば、こうした態度をとらないように気をつける必要があります。

たとえば、本音ではそろそろ帰りたいなと思っていても、お客様の話を聞かなければならない場合に、露骨に何度も時計を見たり、低い調子で「ええ…」しか言わなければ、相手は自分の話を聞いていない、聞く気がないと受け取り、気分を害するかもしれません。

場（そこにいる人たち）の空気

そこにいる人たちがおおむね同じことを期待していることをどうキャッチするか、ということです。

たとえば、急に特別な大きな仕事が舞い込んできて、総力を挙げてどうしても今日中に仕上げなければならないという状況の中で、誰もが残業覚悟で準備をしているとします。そのとき、一人何事もないかのように退社してしまったとしたらどうでしょう。

誰も明確に「今日は、17時以降に用事があったとしてもキャンセルし、何が何でも全員残業してください」などとは言っていません。しかし、そこにいる人たちが「おおむね共通して期待していること」が、「今日は仕方ないからみんなで残業して頑張ろう」ということだとすると、一人さっさと退社してしまったら、みんなにとっては違和感を感じることになります。

もちろん、集団意識が強すぎて、個の事情をまったく考慮しない職場だとすれば、それはもちろん問題がある職場と言わざるを得ません。しかし、そのような職場でなくても、そこにいる人たちの意向と大きく違わずに行動しなければならないことは皆無ではないでしょう。

また、それが何かを選択したり判断したりするときにも必要なことがあります。たとえば、お客様と会社の外でランチしながら打ち合わせをすることになったとします。この場合、何を食べるかではなく、「話しやすい場所を選ぶこと」が期待されるわけです。もし、自分が立ち食いそばを食べたいとしても、回転の早い立ち食いそば屋は話をする目的に対して不適切です。

静かで利用客の回転が比較的遅く、周囲に迷惑にならない場所を選ぶことを期待されます。また、万が一、立ち食いそば屋に入ってしまったとしても、食べ終わった後に資料を広げ始めたら、そば屋の店員や他のお客さんからも「早く出ていけ」という空気が生じるでしょう。

もちろん、周囲が何を期待しているかばかりに気を取られると、自分の言動が何もかもぎこちなくなり、萎縮してしまって、本来持っているさまざまな力も奪われてしまうでしょう。

そこに何があるかわからないものをやみくもにつかもうとするのは、とても消耗することです。ですから、無理に気を読もうとするのではなく、早めに相手の意向を確認する技術を向上させるほうが近道だということもあります。

その場にいる人たちみんなに問いかけるのは勇気が要りますから、誰か一人でも「みんな、どう考えているのかな」「こういう場合はどうしたらいいのかな」などと気楽に聞けるような人間関係づくりが大事になってくるでしょう。

おわりに

障害特性に心当たりはあるけれども、発達障害の診断ははっきりついていない。いわゆるグレーゾーンだからこそ、むしろ生きにくさを抱えている人は少なくないと思います。

どこに助けを求めてよいのかわからず、また、たとえ助けを求めたとしても実生活に直結する有効な支援を受けられずに、長い間一人で苦しみを抱えています。苦しみは、障害特性によるものだけでなく、大人になるまでの過程の中で生じたさまざまな心理によってつくられていて、むしろそちらのほうが重い課題の場合もあると私は考えています。

なぜだかわからないけれどもいろいろなことがうまくいかず、自分も他人も信じられず、いつも不安で、自己否定にさいなまれている……。そうなると、その苦しみをどこからどのように手をつけて改善したらよいか、途方にくれて何もかもに投げやりな気持ちになり、本当はできることさえもできなくなり、自己否定のスパイラルに陥ってしまいます。

不安とイライラの海でいつも懸命にもがいているわけですから、急速にエネルギーを失ったり、時として他罰的になってしまうことがあっても無理はないとも思います。


一般的な医療機関や相談機関などの支援側からすると、そうした層の人たちは、明確な支援の枠組みに入りにくいことから、臨床的知見の蓄積も不十分で、支援方法も確立していません。二次的なメンタルヘルス不調などが生じていない場合、そもそも診断閾下の人たちと支援する側が出会える機会もほとんどないため、支援のスタートラインに一緒に立つことすら難しいといえるでしょう。

しかし職場のメンタルヘルスを専門としていると、こうした方々に出会うチャンスがあります。「受診するつもりはないけれども職場でカウンセリングプログラムがあるなら受けてみようか」などと職場が提供するカウンセリング機会にアクセスしてくださるからです。

本書は、こうした出会いを通して一人ひとりから教えていただいた、彼らの体験をもとに、どうしたら少しでも生きやすくなるかを考え、想像しながら書き上げました。

もちろん、今回お話しした内容を、「自分と違う」と感じたり、「工夫のやり方が合わない」と思ったりする方もいらっしゃると思います。しかし、最も大事なことは、本書でお話ししたことを「一つの手がかり」として「自分自身をひもとき、理解し、工夫することができるはずだ」と思ってほしいのです。そして、自分を責めるがんじがらめの気持ちから解放されて、自分に向き合ってみようと思い、そこに希望を見つけてほしい、と思っています。

世の中はどんどん変わっていきます。社会経済活動のあり方も、人と人をつなぐ基盤のあり方も変わる。世の中に必要とされる才も変わる。価値や評価の対象となっていたこともどんどん変わる。そういうなかで、これまで「うまくできない」「うまく生きられない」と感じてきた状況そのものも、変わっていくかもしれません。どんどん変化していく世の中で、新たな必要性や価値が生まれ、あなたが今持っているものが生きてくることも十分考えられます。

本書は、苦しんでいる人たちが少しでも生きやすくなればという思いで書きましたが、ただし、それは自分を押し殺して今の社会に合わせなければいけないということでは決してありません。これまで出会った多くの相談者とお話ししていると、ひとりひとり持っている力が違うからこそ、世の中が成り立つのだな、と強く思うのです。だからこそ、その違いが生かされる社会になることのほうが、自然なことなのだと思います。

「特性」は決してマイナスではないということをしっかり胸において、この変化の時代を俯瞰し、焦らず自分の道を歩いていってほしいと願っています。

＊職場カウンセリングプログラム

企業が外部のメンタルヘルスサービス提供機関などと契約し、従業員をサポートするためのプログラム（EAP：Employee Assistance Program）の一部として提供していることがあります。内部の産業保健スタッフ（産業医・産業看護職・精神科医・カウンセラー・

メンタルヘルス推進担当者など）が、社員の健康管理の一環として担っていることもあります。社内のメンタルヘルス支援体制の有無や内容は企業によって異なり、必ずしも既述のようなプログラムがあるとは限りませんのでご承知おきください。

参考文献

『マインドフルネスそしてACTへ』熊野宏昭、星和書店、74〜76ページ
『マインドフルネスの由来と展開――現代における仏教と心理学の結びつきの例として――』
藤井修平、中央学術研究所紀要　第46号
『発達障害グレーゾーン』姫野桂、扶桑社新書
『もし部下が発達障害だったら』佐藤恵美、ディスカヴァー携書

ディスカヴァー携書 222

「判断するのが怖い」あなたへ
発達障害かもしれない人が働きやすくなる方法

発行日　2020年７月20日　第1刷
　　　　2024年２月20日　第3刷

Author　佐藤恵美
Illustrator　コバヤシヨシノリ
Book Designer　石間　淳

Publication　株式会社ディスカヴァー・トゥエンティワン
〒102-0093　東京都千代田区平河町2-16-1 平河町森タワー11F
TEL　03-3237-8321（代表）　03-3237-8345（営業）
FAX　03-3237-8323
http://www.d21.co.jp

Publisher　谷口奈緒美
Editor　藤田浩芳

Distribution Company
飯田智樹　古矢薫　山中麻吏　佐藤昌幸　青木翔平　磯部隆　小田木もも
廣内悠理　松ノ下直輝　山田論志　鈴木雄大　藤井多穂子　伊藤香　鈴木洋子

Online Store & Rights Company
川島理　庄司知世　杉田彰子　阿知波淳平　王廳　大﨑双葉　近江花渚
仙田彩歌　滝口景太郎　田山礼真　宮田有利子　三輪真也　古川菜津子
中島美保　厚見アレックス太郎　石橋佐知子　金野美穂　陳鋭　西村亜希子

Product Management Company
大山聡子　大竹朝子　藤田浩芳　三谷祐一　小関勝則　千葉正幸　伊東佑真
榎本明日香　大田原恵美　小石亜季　志摩麻衣　野﨑竜海　野中保奈美
野村美空　橋本莉奈　原典宏　星野悠果　牧野類　村尾純司　安永姫菜
斎藤悠人　中澤泰宏　浅野目七重　神日登美　波塚みなみ　林佳菜

Digital Solution & Production Company
大星多聞　中島俊平　馮東平　森谷真一　青木涼馬　宇賀神実　小野航平
佐藤淳基　舘瑞恵　津野主揮　中西花　西川なつか　林秀樹　林秀規
元木優子　福田章平　小山怜那　千葉潤子　藤井かおり　町田加奈子

Headquarters
蛯原昇　田中亜紀　井筒浩　井上竜之介　奥田千晶　久保裕子　副島杏南
福永友紀　八木眸　池田望　齋藤朋子　高原未来子　俵敬子　宮下祥子
伊藤由美　丸山香織

Proofreader　文字工房燦光
DTP　アーティザンカンパニー株式会社
Printing　共同印刷株式会社

・定価はカバーに表示してあります。本書の無断転載・複写は、著作権法上での例外を除き禁じられています。インターネット、モバイル等の電子メディアにおける無断転載ならびに第三者によるスキャンやデジタル化もこれに準じます。
・乱丁・落丁本はお取り替えいたしますので、小社「不良品交換係」まで着払いにてお送りください。
本書へのご意見ご感想は下記からご送信いただけます。
http://www.d21.co.jp/inquiry/

ISBN978-4-7993-2624-4
©Emi Sato, 2020, Printed in Japan.

携書ロゴ：長坂勇司
携書フォーマット：石間　淳

Discover

人と組織の可能性を拓く
ディスカヴァー・トゥエンティワンからのご案内

本書のご感想をいただいた方に
うれしい特典をお届けします！

特典内容の確認・ご応募はこちらから

https://d21.co.jp/news/event/book-voice/

最後までお読みいただき、ありがとうございます。
本書を通して、何か発見はありましたか？
ぜひ、感想をお聞かせください。

いただいた感想は、著者と編集者が拝読します。

また、ご感想をくださった方には、お得な特典をお届けします。